Fr. Sean Davidson M.S.E.

Die heilige Maria Magdalena

Prophetin der eucharistischen Liebe

Der Titel des englischen Originals lautet:
SAINT MARY MAGDALENE
PROPHETESS OF EUCHARISTIC LOVE

Erschienen © 2017 Ignatius Press, San Francisco
Übertragung aus dem Englischen:
Klarissen-Kapuzinerinnen von der Ewigen Anbetung,
Kloster Bethlehem, Koblenz

Fr. Sean Davidson M.S.E.

Die heilige Maria Magdalena

Prophetin der eucharistischen Liebe

2. Auflage 2026

Hauptstr. 22, D-88353 Kißlegg
www.fe-medien.de

Titelbild: Maria Magdalena. Detail aus der Kreuzabnahme-Szene über dem Johannes vom Kreuz Seitenaltar in der Karmeliterkirche in Wien-Döbling. (istock, sedmak)

Layout: Renate Geisler

Druck: TZ-Verlag & Print GmbH

ISBN: 978-3-86357-335-5

Inhalt

Geleitwort

Als Rektor der Basilika St. Maria Magdalena, in der sich die berühmte Ruhestätte der Apostolin der Apostel befindet, war ich hocherfreut, dass man mich bat, das Geleitwort zu diesem Buch zu schreiben. Es ist ein zeitgemäßes Werk, denn das Leben der heiligen Magdalena gibt Zeugnis von der unendlichen Barmherzigkeit Christi und unsere Welt hat heute eine Ausgießung göttlicher Barmherzigkeit dringend nötig. Seine Veröffentlichung fällt genau mit dem Abschluss des Jahres der Barmherzigkeit zusammen, einer Zeit der Gnade und Erneuerung für die Kirche. Dieses Werk ist auch insofern zeitgemäß, als die heilige Maria Magdalena die erste Verkünderin der Auferstehung des Herrn war, und unsere Welt hat heute eine Neuevangelisierung dringend nötig. Die frohe Botschaft vom auferstandenen Christus, die vor langer Zeit zuerst von Maria Magdalena verkündet wurde, hat nichts von ihrer rettenden Kraft verloren. „Jesus Christus ist derselbe gestern, heute und in Ewigkeit" (Hebr 13,8). Die Veröffentlichung dieses Werkes passt auch zu der jüngsten Entscheidung der Kirche, die Apostolin der Apostel statt mit einem Gedenktag mit einem liturgischen Fest zu ehren. Auch wenn wir sie hier in der Diözese Fréjus-Toulon immer mit einem Festtag geehrt haben, ist es ein Geschenk der Vorsehung, dass dieser Segen auf die gesamte Universalkirche ausgedehnt wird.

Pater Davidson hat dieses Buch in Kontinuität mit der alten katholischen Tradition bezüglich des Lebens der Heiligen geschrieben, aber aus einer neuen Perspektive: in Beziehung zum Geheimnis der Eucharistie. Sein Werk geht mitten ins

Herz der Identität dieser heiligen Frau, die vor allem eine glühende Anbeterin im Geist und in der Wahrheit war (vgl. Joh 4,23). Vor allem aber ist sie Zeugin der verwandelnden Kraft einer Begegnung mit Jesus Christus, einer Begegnung, die sich in einem Leben der Anbetung zu seinen Füßen entfaltete. Ihre Kontemplation und Anbetung Jesu, des Herrn, ging weiter bis zum Ende ihres Lebens in den einsamen Bergen von La Sainte-Baume, hier in der Provence. Aus diesem Grunde ist sie ein ideales biblisches Vorbild für alle, die Christus begegnet sind, der wahrhaftig im Allerheiligsten Sakrament gegenwärtig ist, und die ihr Leben der Anbetung zu Füßen des eucharistischen Herrn zu vertiefen suchen. Bei der Anbetung geht es wesentlich um Liebe und in den Evangelien gibt es nur wenige Menschen, die die Liebe so gut verstanden haben wie die heilige Maria Magdalena. Seite für Seite schildert der Autor in diesem Buch ihre tiefgründigen Geheimnisse der Liebe und ermöglicht so dem Anbeter und der Anbeterin zu lernen, wie sie dem Herzen Christi immer mehr Freude machen können. Auch Kardinal Robert Sarah, Präfekt der Kongregation für den Gottesdienst, hat die Tatsache erfasst, dass die heilige Maria Magdalena in erster Linie ein Vorbild der Anbetung ist. Dies erläutert er in seinem Schreiben anlässlich der Feier ihres ersten kirchlichen Festtages: „Die heilige Maria Magdalena sucht den Herrn, und da sie ihn findet, betet sie ihn an. (…) Die Anbetung steht an erster Stelle. Maria Magdalena erinnert uns an die Notwendigkeit, den Vorrang Gottes und den Vorrang der Anbetung im Leben der Kirche und in der liturgischen Feier wiederherzustellen.“[1]

---

[1] Kardinal Robert Sarah, Schreiben über die heilige Maria Magdalena. *L'Osservatore Romano*, Italian Edition, 22. Juli 2016. Übers. Kloster Bethlehem.

Schließlich zeichnet dieses Buch ein wunderschönes Porträt des barmherzigen Antlitzes Jesu und es ist gleichermaßen ein Kommentar zum Leben Christi wie auch zum Leben der heiligen Maria Magdalena. Wenn das Beispiel der heiligen Magdalena hier für die Betrachtung herangezogen wird, dann nur, um uns in ein tieferes Verständnis der Person Christi zu führen. Es ist meine Hoffnung, dass viele Menschen auf diesen Seiten Nahrung für ihre Seele finden und die zeitlose Gestalt der Apostolin der Apostel neu entdecken. Möge ihr Beispiel in unseren Herzen ein neues Feuer der Liebe zu Christus entfachen und möge ihre Fürsprache den Leser und die Leserin in jedem Augenblick begleiten.

Pater Florian Racine
Rektor der Basilika der
Heiligen Maria Magdalena
Saint Maximin-la-Sainte-Baume

Vorwort

Dieses Büchlein zu schreiben, war für mich ein Werk der Liebe. Der Grund, warum ich mich aufgerufen fühlte, es zu schreiben, ist einfach der, dass mich Leute darum gebeten haben. Zwei Jahre lang hatte ich das Privileg, im Schatten der großartigen Basilika St. Maria Magdalena, in einer kleinen Stadt in der Provence namens Saint-Maximin-la-Sainte-Baume, zu leben. Dieser uralte Wallfahrtsort ist die offizielle Heimat der Reliquien der „Apostola Apostolorum", der großen Maria Magdalena. Während der Zeit, die ich an diesem außergewöhnlichen Ort, so reich an Gnade und Schönheit, verbrachte, hatte ich oft die Freude, Englisch sprechende Pilgergruppen willkommen zu heißen. Wenn ich ihnen dann neben der Geschichte der Basilika auch die biblischen und außerbiblischen Überlieferungen über die heilige Maria Magdalena erklärte, war die Rückmeldung fast immer etwas in dieser Richtung: „Davon wusste ich überhaupt nichts." „Warum hören wir darüber nicht häufiger etwas?" „Wo finde ich ein gutes Buch zu diesem Thema?" Meine Antwort auf diese letzte Frage war, dass ich unglücklicherweise kein einziges Buch über diese Heilige in englischer Sprache kenne, in dem ein Porträt erstellt würde, das ihrem in diesem Heiligtum schon immer dargestellten entspräche.

Alle mir bekannten großen Werke über die heilige Maria Magdalena sind auf Französisch. (Vielleicht gibt es ja einige Bücher dieser Art auf Englisch, aber ich hätte ein Problem, wenn ich auch nur eines nennen sollte.) Ich überlegte, vielleicht eines der Bücher von Henri Lacordaire, Pierre de Bérulle oder ein moderneres von Jean-Pierre Ravotti zu übersetzen. Schließlich entschloss ich mich jedoch, diesen kühneren Schritt zu tun und zu Papier zu bringen, was ich als ein getreues Bild von ihr, die zu einer meiner Lieblingsheiligen geworden ist, anzunehmen gelernt habe.

Während meiner Zeit in Saint-Maximin benutzte ich die Schrifttexte, die traditionsgemäß mit der heiligen Maria Magdalena in Verbindung gebracht werden, als Anregung für meine Anbetungsstunden und für die Vorträge, die ich über die eucharistische Anbetung zu halten hatte. Sie ist ein echtes Vorbild der Anbetung und gibt uns Beispiele für die vier Säulen eucharistischen Betens, nämlich Anbetung, Danksagung, Sühne und Fürbitte. Dieses Buch ist die Frucht vieler – gemeinsam mit der heiligen Maria Magdalena verbrachten – Stunden vor dem Allerheiligsten Sakrament. Vielleicht kann es anderen helfen, in eine eucharistische Betrachtung dieser schönen Jüngerin Christi einzutauchen. Ich schreibe im Geist der Brüder des hl. Dominikus. Fast 700 Jahre lang waren sie die Hüter der Basilika, die die kostbaren Reliquien dieser lieben Freundin Jesu Christi beherbergt. Ihre gesamte Mission bestand darin, das, was sie selber betend betrachtet hatten, an andere weiterzugeben. Also werde nun auch ich – neben dem, was ich während meiner glücklichen Zeit in der Provence gelernt habe – einige Gedanken über die heilige Maria Magdalena an Sie weitergeben, die ich zum größten Teil vor dem eucharistischen Antlitz Jesu empfangen habe.

Einführung

Das glückliche Ende einer wunderschönen Liebesgeschichte

Eine uralte mündliche Überlieferung erzählt, dass eine große Gruppe enger Freunde Christi während der ersten Christenverfolgungen in Jerusalem aus ihrem Heimatland ins Exil geschickt wurde. Es war um das Jahr 41 nach Christus. Verbannung war in der Antike eine häufig angewandte Taktik der Verfolger, um einerseits die Schaffung neuer Märtyrer zu vermeiden und andrerseits die Heiligen mit ihrem unaufhaltsamen Einfluss auf die Menschen ihrer Umgebung loszuwerden. Schon im Johannesevangelium hören wir, wie die Pharisäer überlegen, auch Lazarus umzubringen, weil seine Auferweckung „alle Welt" dazu bringen würde, Christus nachzulaufen (vgl. Joh 12,19). Schließlich wurde aus verschiedenen Gründen die Möglichkeit der Verbannung einer Hinrichtung vorgezogen und so kam es, dass Lazarus ebenso wie seine

Schwester Martha und eine weitere Schwester namens Maria – auch bekannt als Magdalena – über das Mittelmeer segelten und an der südöstlichen Küste jenes Gebietes ankamen, das heute Frankreich heißt.

Die mündliche Überlieferung, die von einer Generation zur nächsten weitergegeben wurde, nennt uns die folgenden Namen derer, die in jenem schicksalsträchtigen Boot waren, das Frankreich zur „Ältesten Tochter der Kirche" machen sollte: Maria Magdalena, Martha, Lazarus, Maximin, Maria Jacobi, Salome, Marcella, Cedonius und Sara. Interessanterweise waren mindestens zwei dieser Personen Zeugen der Kreuzigung Christi und hatten ihn auch nach seiner glorreichen Auferstehung gesehen. Das waren konsequente Christen der überzeugtesten und eifrigsten Art und bald sollte ihr Eifer viele Seelen dazu bringen, sich zum erlösenden Taufbrunnen führen zu lassen.

Ohne Zweifel erzählte die heilige Maria Magdalena allen, die ihr begegneten, von der Erscheinung des auferstandenen Herrn und auf diese Weise senkte der katholische und apostolische Glaube tiefste Wurzeln in das fruchtbare Erdreich Galliens. Die Gnade, die diesen bevorzugten Menschen vermacht wurde, hat in der gesamten Kirchengeschichte stets großartige Beispiele der Heiligkeit hervorgebracht. Es ist, als sei die Liebe, mit der Christus die Familie von Bethanien liebte, irgendwie den Menschen in Frankreich mitgeteilt worden; sie haben einen unendlichen Strom privater Offenbarungen dieser Liebe empfangen. Die heilige Maria Magdalena nahm an dieser anfänglichen Evangelisation der Provence teil, aber schließlich überwältigte ihre Wahl des „besseren Teils", das heißt ihr Verlangen, den Blick ihres kontemplativen Herzens ungestört auf das heilige Antlitz Jesu zu richten, ihre Seele. Und dieses Mal sollte die kontemplative Berufung ihr nie wieder „genommen werden". Sie fand einen der vielleicht bestgeeignetsten Plätze in der ganzen Gegend für ein Leben in Frieden und Einsamkeit, in einer Grotte auf halber Höhe des Berges von La Sainte-Baume, und dort lebte sie die letzten Jahre ihres sterblichen Lebens.

Die bezaubernde Schönheit dieses Ortes, der ihre letzte irdische Wohnstätte wurde, ist schwer zu beschreiben; es scheint, als habe sich dort der Friede der Ewigkeit in das Universum ergossen. Vielleicht ist es am besten, die Hilfe eines Meisters der Sprache in Anspruch zu nehmen, dessen Beredsamkeit viel dazu beigetragen hat, die Kirche in Frankreich auf den Ruinen, die der Terror der Revolution hinterlassen hatte, wiederaufzubauen. Ihm ist nicht nur das Verdienst zuzuschreiben, den Dominikanerorden nach seiner völligen Vertreibung nach Frankreich, sondern auch, die Frömmigkeit nach La Sainte-Baume zurückgebracht zu haben. Seine Worte, wenn auch vom Reichtum ihrer Originalsprache entblößt, vermitteln uns noch immer eine Ahnung davon, was Pater Henri Lacordaire empfand, als er durch die Wälder von La Sainte-Baume wanderte, bevor er schließlich einen Blick auf das alte verlassene Dominikanerkloster werfen konnte, das an die heilige Grotte angrenzt, wo die Wunder mystischer Gnade viel Frucht hervorgebracht hatten:

> Mitten in dieser Reihe erhabener Felsen, einem steinernen Vorhang ähnlich, macht das Auge eine Behausung ausfin dig, die wie in der Luft zu schweben scheint, und zu deren Füßen einen Wald von auffallender Andersartigkeit: Nicht mehr die dünne und duftende Kiefer oder die grüne Eiche,

noch irgendetwas von dem schattigen Bewuchs, auf den der Reisende auf seinem Weg gestoßen ist. Man möchte meinen, durch ein unerklärliches Wunder habe der Norden die ganze Pracht seiner Vegetation an diese Stelle hinuntergeschleudert. Sonne und Himmel sind die des Südens – mit den Wäldern Englands. Ganz in der Nähe, nur wenige Meter entfernt, an der Seite des Berges, findet man die normale Natur des Landes wieder; diese besondere Stelle ist die einzige Ausnahme. Und wenn man den Wald durchquert, umfängt er dich sofort mit seiner ganzen Majestät, vergleichbar in seiner Tiefe, seinen Schleiern und seiner Stille mit jenen heiligen Wäldern, die von den Äxten der Alten niemals entweiht wurden. Auch dort hatten nur die Jahrhunderte Zugriff; sie allein haben das Recht ausgeübt, die alten Stämme abzuholzen und ihren Saft zu erneuern; nur sie haben regiert und regieren noch immer. Sie flößen einen Respekt ein, der von etwas Höherem ausgeht als von ihnen selbst und zur plötzlichen Gefühlsregung des Sehens die des Denkens hinzutreten lässt: Wer ist schon alles hierhergegangen? Wer hat diesen Winkel der Erde mit einer so machtvollen Prägung ausgezeichnet? Was ist das für ein Felsmassiv? Was ist das für ein Wald? Was ist das für ein Ort, wo alles größer zu sein scheint als wir? – O Marseille! Du warst Zeugin der Ankunft jener Gäste, die als Erste diesen Berg bewohnten. Du sahst das zerbrechliche Geschöpf aus einem Boot steigen, aus dem Boot, das dir den zweiten Besuch aus dem Osten brachte. Der erste hatte dir deinen Hafen, deine Mauern, deinen Namen, deine ganze Existenz gegeben; der zweite gab dir etwas Besseres: Er vertraute dir die lebenden Reliquien des Lebens Jesu Christi an, die Seelen, die ER auf dieser Erde

> am zärtlichsten geliebt hatte, und sozusagen das höchste Zeugnis der Freundschaft eines Gottes. Vom Gipfel seines Kreuzes aus hatte Jesus Christus seine Mutter dem Apostel Johannes hinterlassen; in deinem Falle war es der Gipfel seiner Auferstehung, zwischen den beiseitegeschobenen Schatten des Todes und dem weißen Licht des ewigen Lebens, von wo aus Jesus dich zur bewährten Zuflucht seiner liebsten Freunde auserkor.[2]

Umgeben von der vollkommenen Stille des Ortes, die kein Pilger zu kommentieren versäumt, wurde jeder Atemzug Marias hier zu einem stillen Gebet der Liebe und sehr oft durfte sie als wahren Vorgeschmack der Freuden des himmlischen Jerusalems Augenblicke übernatürlicher Ekstase erleben.

Der heilige Maximin, der zu einem Vater für die Christen in der Umgebung geworden war, verbrachte viel Zeit in einem kleinen Dorf, das Maria vom Eingang ihrer Grotte gerade noch erblicken konnte und durch das die große römische Straße, bekannt als „Via Aurelia", führte. So bedeutend blieb dieser Mann Gottes im Gedächtnis der Einheimischen, dass ihr Dorf eines Tages nach ihm umbenannt werden sollte. Maximin sorgte dafür, dass diese heilige Frau, die er ins Exil hatte begleiten dürfen, regelmäßig mit dem Brot des Lebens genährt wurde. Die selige Anna Katherina Emmerich stellt uns das denkwürdige Bild vor Augen, wie Maria Magdalena von der Grotte durch den üppig grünen Wald von La Sainte Baume hinabsteigt, um den heiligen Maximin auf halbem Weg zu treffen, wenn er ihr das große Geschenk der heiligen Kom-

[2] Henri Lacordaire, *Maria-Madeleine* (Paris: Éditions du Cerf, 2009), S. 16–17.

munion brachte.[3] Ihr Leben des Gebetes und der Liebe zur Eucharistie muss zu immer neuer Intensität emporgewachsen sein, denn die örtliche Überlieferung besagt, dass Magdalena schließlich keine andere Nahrung mehr zu sich nahm als dieses himmlische Manna und dass sie diese Welt in einer eucharistischen Ekstase verließ, nachdem sie zum letzten Mal die heilige Kommunion empfangen hatte. Sie, die sich in liebender Anbetung an die Füße ihres Herrn schmiegte, solange er auf Erden lebte, schmiegte sich nun so eng an ihn, wenn er in der Eucharistie zu ihr kam, dass dies für sie zum Beginn der geheimnisvollen himmlischen Hochzeit wurde. Das waren die Wunder, die La Sainte-Baume vor fast zweitausend Jahren erleben durfte. Um Maria Magdalena zu verstehen, müssen wir jedoch zeitlich noch weiter zurückgehen, bis hin zu den sonnigen Tagen in Galiläa, als ihre Seele zum ersten Mal vom Tod zum Leben kam.

---

[3] Anna Catharine Emmerich, Visions d'Anne Catherine Emmerich, Band 3, übersetzt von Charles d'Eberling (Paris: Téqui, 1995), S. 417.

1

Eine Frau oder drei?

Bevor wir in eine Betrachtung des Schrifttextes eintauchen, der uns viele Geheimnisse über Maria Magdalenas innere Reise zur Heiligkeit lehren wird, ist es zuerst notwendig, die aktuelle Kontroverse um ihre Identität zu erwähnen; und um das zu tun, sind wir auch verpflichtet, einige Fragen exegetischer Natur zu erörtern. Das Ziel dieses ersten Teils wird es sein, aufzuzeigen, wie vernünftig es ist, weiterhin an das traditionelle Porträt der Heiligen zu glauben, das die Kirche der Antike für ihre Kinder gemalt hat. Da die Identität der heiligen Maria Magdalena heutzutage so etwas wie eine offene Frage ist und die Kirche uns die Freiheit gelassen hat, darüber nachzudenken und zu debattieren, müssen wir auch bejahen, dass die Gläubigen frei sind, das traditionelle Bild, das wir anbieten, zurückzuweisen. Die Kirche selbst hat keine offizielle Position in dieser Frage und auch in ihrer nachkonziliaren Liturgie verbindet sie die heilige Maria Magdalena nicht mehr ausdrücklich mit der reuigen Sünderin aus dem Lukasevangelium. In den letzten Jahren gab es unter den größten Bibelwissenschaftlern zu viele Debatten, als dass die Kirche als sicher ansehen könnte, was so ernsthaft umstritten ist.

Wie sind wir Katholiken eigentlich zu der Situation gekommen, wie wir sie heute kennen, in der die Identität der heiligen Maria Magdalena heftig diskutiert und oft durcheinandergebracht wird? In der frühen Kirche gab es auch gewisse Meinungsverschiedenheiten hinsichtlich ihre Identität, aber in der Kirche des Westens gelang es den Vätern, sich auf eine bestimmte Sicht der Heiligen zu einigen, die bis Anfang des zwanzigsten Jahrhunderts mehr oder weniger einmütig anerkannt wurde. Der wichtigste Knackpunkt der debattierten Frage lässt sich wie folgt zusammenfassen: Ist Maria Magdalena, von der sieben Dämonen ausfuhren und die Zeugin der Auferstehung war, identisch mit der Sünderin, die sich im siebten Kapitel des Lukasevangeliums zu Christus bekehrte? Und ist sie auch die Person, die als Schwester von Lazarus und Martha beschrieben wird, über die wir so viel im Johannesevangelium lesen können? Viele würden heute einfach mit „Nein" antworten, obwohl sie gleichzeitig nicht wirklich erklären können, warum sie so sicher sind, dass dies der Fall ist. Würden sie ihrem Gedächtnis etwas auf die Sprünge helfen, dann könnten sie sich womöglich daran erinnern, dass ein Priester dies einmal in einer Predigt gesagt habe, und wenn wir weiter zurückgehen und den fraglichen Priester bitten würden, seinem Gedächtnis auf die Sprünge zu helfen, würde er wahrscheinlich sagen, dass er sich vage an einen Professor im Seminar erinnere, der ihm das so beigebracht habe. Doch wie wir oben bereits sagten, war die Antwort der römisch-katholischen Kirche auf diese Frage in der nicht so weit zurückliegenden Vergangenheit ein klares „Ja“.

In den ersten Jahrhunderten der Christenheit vertraten manche Väter des Ostens den Standpunkt, dass a) Maria Magdalena, b) Maria, die Schwester von Martha, und c) die Sünderin, die Jesu Füße mit ihren Reuetränen wusch, drei verschiedene Frauen waren; und dieser Standpunkt wurde später zu dem der Orthodoxen Kirche. Die Väter des Westens allerdings stimmten dem nicht zu, und die Autorität intellektueller Giganten wie der hl. Augustinus und Papst Gregor der Große reichte aus, um die gesamte Katholische Kirche davon zu überzeugen, dass in den betreffenden Schriftstellen nicht von drei verschiedenen Frauen, sondern nur von einer einzigen die Rede ist.[4] In seinem Werk über das Leben der heiligen Maria Magdalena aus dem neunten Jahrhundert, das auf Büchern aus früheren Jahrhunderten aufbaut, bestätigte Rhabanus Maurus die allgemeine Akzeptanz dieses Verständnisses ihrer Identität (wobei nicht nur ihre Identität, sondern auch ihr Exil in Gallien der gesamten Christenheit wohlbekannt war). Die Verehrung der heiligen Maria Magdalena als Vorbild der Büßer blühte überall auf und die Basilika des heiligen Maximin wurde schließlich bekannt als das „Dritte Grab der Christenheit“.

---

[4] Eine Erklärung der Wandlungen und Entwicklungen in der Position des heiligen Augustinus zu dieser Frage liefert J. P. Ravotti in seinem Buch *Sainte Marie-Madeleine – Evangiles et Traditions* (Geménos: Horizons Publishing, 2010) S. 43–67.

Dieser Standpunkt wurde im Westen bis zum sechzehnten Jahrhundert nicht in Frage gestellt; doch dann begannen protestantische Autoren, viele katholische Überlieferungen abzulehnen. Ihre Werke beeinflussten bald auch manche Katholiken: Lefèvre d'Etaples, der Philologe des sechzehnten Jahrhunderts, veröffentlichte ein Werk, das die alte Tradition ablehnt. Ihm folgte der spanische Gelehrte Balthazar Socco; doch der große heilige John Fisher von England widerlegte ihre Ideen. Fisher wurde dabei unterstützt durch den heiligen Thomas Morus, der die heilige Maria Magdalena – so wie die Tradition sie darstellt – zutiefst verehrte. Morus verstand, wie wichtig es war, das klare Bild jener Heiligen zu bewahren, die – wie die Evangelien berichten – Christus so viel Liebe gezeigt hatte.[5] Schließlich wurde die Ansicht von d'Etaples und Socco offiziell von den Autoritäten der theologischen Fakultät der Sorbonne verurteilt.

In den nachfolgenden Jahrhunderten entfernten sich die protestantischen Gruppierungen immer weiter von der alten Tradition, während die Katholiken immer überzeugter daran festhielten, unter anderem dank des Einflusses der Schriften aus der französischen Schule der Spiritualität. Auch durch Privatoffenbarungen von Mystikerinnen, die beteuerten, in Visionen vom Leben Christi die büßende Magdalena tatsächlich als identisch mit der Schwester des Lazarus gesehen zu haben, wurde das traditionelle Bild der Heiligen in den Köpfen der katholischen Gläubigen sehr verstärkt. Beliebte katholische Mystikerinnen wie Maria von Agreda, Anna Katharina Emmerich und Maria Valtorta bestätigten nicht nur die

---

[5] James Monti, *The King's Good Servant but God's First* (San Francisco: Ignatius Press, 1997), S. 88.

traditionelle Identifizierung von Maria Magdalena, sondern auch die uralte Überzeugung, dass sie ihre Tage in einer Grotte in Gallien vollendete. Für den durchschnittlichen Katholiken gab es keine Frage oder Debatte bezüglich der Identität Maria Magdalenas. Jahrhundertelang hatte die Tridentinische Liturgie es verkündet. Erst durch die Bibelwissenschaft des zwanzigsten Jahrhunderts tauchte der Widerstand gegen diese Position wieder auf.

Was genau ist also vor sich gegangen? Wie sind wir von der einstimmigen Lehre, dass Maria Magdalena die Schwester von Lazarus und eine reuige Sünderin sei, zu einer – besonders in der englischsprachigen Welt – fast einstimmigen Ablehnung dieser Lehre gekommen? Die Antwort ist einfach: Die Schriften einiger einflussreicher Exegeten überzeugten die meisten Universitätsprofessoren, sodass sie den traditionellen Glauben aufgaben; diese wiederum bildeten die Bischöfe und Priester der zweiten Hälfte des zwanzigsten Jahrhunderts aus, die dann ihrerseits das Verständnis der Gläubigen beeinflussten. Dieser radikale Wandel in unserem Verständnis von einer so außerordentlich wichtigen Heiligen ist in bemerkenswert kurzer Zeit – und oft mit sehr wenig Widerstand seitens der biblischen Exegese – auf den durchschnittlichen Katholiken in der Kirchenbank sozusagen herabgetropft.

In der zweiten Hälfte des zwanzigsten Jahrhunderts gab es einen weiteren Faktor in dieser Richtung: Eine feministische und weitgehend nordamerikanische Denkströmung hielt Einzug in die katholische Wissenschaft und interpretierte den uralten Titel „Apostolin der Apostel“ neu. Dieser Titel war Maria Magdalena zu Recht verliehen worden, insofern sie den Evangelien gemäß die Erste ist, die den auferstandenen Herrn sieht, der sie dann bittet, den Aposteln von seiner Auferstehung zu berichten. Einige Feministinnen jedoch benutzten diesen Titel, um die Heilige als Patronin für die Durchsetzung der Frauenordination zu präsentieren. Als die Gelehrten begannen, Magdalenas Persönlichkeit neu zu erschaffen, um einem ideologischen Ziel bezüglich des Priestertums zu dienen, fingen sie an, bestimmte Aspekte des traditionellen Glaubens zu verwerfen. Die Vorstellung von Maria als einer ehemals öffentlichen Sünderin mit einem schlechten Ruf, die später zu einer tief kontemplativen Seele wurde und mehr zum Schweigen neigte, als sich in der Menge Gehör zu verschaffen, passte nicht zu der Vision einer emanzipierten Frau, die in Machtkämpfe mit den Aposteln verwickelt war. Durch Schriften, Lehrtätigkeit und Vorträge wirkten einige feministische Wissenschaftlerinnen der kirchlichen Verehrung Maria Magdalenas als Vorbild für Büßer und Kontemplative entgegen.

Die Ablehnung der traditionellen Maria Magdalena ist im angelsächsischen Denken weit verbreitet; dasselbe gilt jedoch nicht für die Exegese in Frankreich, und dies ist weitgehend auf den Einfluss *eines* Mannes zurückzuführen: Pater André Feuillet (1909–1998). Feuillet, zweifellos einer der größten französischen Exegeten des zwanzigsten Jahrhunderts, ist leider in der englischsprachigen akademischen Welt ziemlich unbekannt, wenn auch immer mehr Leute anfangen, Fragen über sein Werk zu stellen, zumal er in dem Buch *Jesus von Nazareth* von Papst Benedikt XVI., auf den er großen Einfluss hatte, mehrfach zitiert wurde. Auch die Studenten von Professor Scott Hahn werden Feuillet kennen, denn er hat einige seiner Interpretationen des Johannesevangeliums mitgestaltet. Im Gegensatz zu vielen seiner Zeitgenossen blieb Feuillet fest davon überzeugt, dass die Kirche die Schrifttexte, die traditionell mit der heiligen Maria Magdalena in Verbindung gebracht werden, richtig interpretiert hatte.[6]

In den folgenden Kapiteln wollen wir uns einem meditativen Kommentar über diese Schrifttexte widmen, aber zuerst wird es eine nützliche Übung sein, den exegetischen Standpunkt von André Feuillet zusammenzufassen. Dieser Abschnitt des Buches wird vielleicht ein bisschen fachspezifischer sein als das Nachfolgende, aber die exegetischen Fragestellungen werden so kurz und bündig wie möglich erörtert und das Ganze wird uns helfen zu erkennen, dass die Lehre der antiken Kirche nicht so unbegründet war, wie manche moderne Gelehrte uns glauben machen wollen. Wenn dann die Richtigkeit oder zumindest die Schlüssigkeit der traditionellen Position feststeht, werden wir in der Lage sein, ein Porträt der heiligen Maria Magdalena zu malen als einer Person, die einen Weg der Heiligkeit aufzeigt, auf dem der größte Sünder unter uns zu hoffen wagen kann, der größte aller Heiligen zu werden.

---

6 Für eine Analyse der Identitätsfrage vgl. André Feuillet, „Les Deux Onctions Faites sur Jésus, et Marie-Madeleine", *Revue Thomiste*, LXXV, 1975, S. 358–394.

Eine Geschichte von zwei Salbungen

Das erste Problem, auf das wir stoßen, besteht darin, dass die Evangelien nicht eindeutig sind in der Bezeichnung der Frau, die erstens eine Sünderin, zweitens die Schwester von Martha und drittens Maria Magdalena genannt wird. Wir werden die Ansicht, dass es sich bei diesen drei Frauen in Wirklichkeit um ein und dieselbe Frau handelt, „Identifikationstheorie" nennen. Die Tatsache, dass in den Evangelien die Richtigkeit dieser Annahme nicht explizit zum Ausdruck gebracht wird, ist jedenfalls kein ausreichender Grund, um sie als unwahr abzutun. Die Heilige Schrift ist oft geheimnisvoll vage oder vielmehr schwer zu deuten, manchmal sogar in Bezug auf einige der wichtigsten Wirklichkeiten im Leben der Kirche. So zeigen uns die Auseinandersetzungen über die Interpretation von Texten, die die Eucharistie, die Vorzüge der Seligen Jungfrau Maria und die Weitergabe des Petrusamtes betreffen, dass tiefe Betrachtung und die Hilfe der Kirche oft absolut notwendig sind, wenn wir verstehen wollen, was der Heilige Geist uns durch die Heilige Schrift lehren will. Ein oberflächliches Lesen kann häufig zu schwerwiegenden Missverständnissen wesentlicher Glaubenswahrheiten führen, denn die Heilige Schrift ist von ihrem Wesen her ein Mysterium, das nach einer demütigen und betenden Betrachtung verlangt. Darüber hinaus wurden die Evangelien nicht so geschrieben wie moderne Werke, deren Autoren versuchen, ihre Aussagen zu begründen, indem sie sich auf historische Beweise berufen und genaue Zeiten, Daten, Orte usw. angeben. Die Evangelisten lebten in einem völlig anderen kulturellen Umfeld mit sehr unterschiedlichen Bildungsniveaus und es ging ihnen vor allem darum, einfach die Schönheit der Person Jesu Christi darzustellen sowie alles, was wir wissen müssen, um an ihn glauben zu können und gerettet zu werden (vgl. Joh 20,31). „Evangelisten sind keine Journalisten!", so hat es ein Experte auf den Punkt gebracht. Wenn ein Journalist ein historisches Werk nach modernen Standards schreiben wollte, dann würde er uns den vollständigen Hintergrund aller Hauptfiguren liefern. Er würde zum Beispiel viele persönliche Details über Lazarus mitteilen, dem wir in den Evangelien erst auf seinem Sterbebett begegnen. Er würden seine familiäre Herkunft angeben, wo er geboren wurde, was er studiert hat, womit er seinen Lebensunterhalt verdient hat, seine Ehesituation, wer sein Vermögen erben würde, welche Art von Krankheit er hatte und wie lange schon … Die Evangelisten dagegen sagen uns im Grunde genommen nur, dass er zwei Schwestern hatte, dass er im Sterben lag und dass Jesus ihn liebte. Für einen Evangelisten genug!

Feuillet beginnt seinen Kommentar, indem er die Tatsache beklagt, dass gewisse zeitgenössische Gelehrte Bibelkritik betreiben, um damit mehr Probleme zu schaffen als zu lösen.[7] Leider, sagt er, benutzen wir sie oft eher zum Zerstören als zum Aufbauen und einige Gelehrte haben sie dazu benutzt, so viel Verwirrung über die heilige Maria Magdalena zu säen, dass die Christen heute nicht mehr wissen, was sie über sie denken oder sagen sollen. Einige dulden nicht einmal die Erwähnung der Identifikationstheorie, die noch vor wenigen Jahrzehnten allgemein anerkannt war. Von daher besteht die Versuchung, sämtliche vertiefenden oder in sich schlüssigen Kommentare zu jenen Texten zu vernachlässigen, die immer mit Maria Magdalena in Verbindung gebracht wurden und die nach Marie-Joseph Lagrange zu den am meisten berührenden der Hei-

[7] Vgl. A. Feuillet, S. 358.

ligen Schrift gehören. Darüber hinaus sind die verschiedenen Theorien zu diesen Texten so widersprüchlich und uneinheitlich, dass sie alle uns sehr oft nur im Zweifel zurücklassen.[8]

Die große exegetische Debatte dreht sich um die Interpretation zweier verschiedener Salbungen Jesu Christi, deren erste in die Anfangszeit des öffentlichen Wirkens Christi in Galiläa fällt (Lk 7,36–50). Die zweite Salbung, die der ersten ähnelt, findet wenige Tage vor Christi Tod in dem Dorf Bethanien, ein paar Kilometer von Jerusalem entfernt, statt (vgl. Joh 12,1–8; Mt 26,6–13; Mk 14,3–9). Feuillet – er schreibt dies im Jahr 1975 – beginnt seine Analyse dieser Texte mit einer knappen Zusammenfassung einiger moderner Auffassungen, die durch ihre Deutung dieser beiden Salbungen zur Auflösung der traditionellen Identifikation der heiligen Maria Magdalena geführt haben. Zuerst behandelt er kurz einen Gedanken von Rudolf Bultmann, der im Grunde unterstellt, es handle sich hier nicht um historische Texte, sondern um literarische Einfügungen. Mit Hilfe dieser Einfügungen hätten die Autoren angeblich die praktische Anwendung bestimmter Lehren Christi als Schlüsselthemen hervorheben wollen. Mit anderen Worten, die fraglichen Ereignisse wären eine Art „Kleid“, das den „Leib“ dieser wichtigen Lehren Christi schmücken sollte. Dann wenden sich Feuillets Gedanken den katholischen Gelehrten zu, die die wichtigste Rolle bei der Prägung der modernen Exegese dieser Texte gespielt haben. Jedem, der ernsthaft über dieses Thema nachdenkt, muss es unwahrscheinlich vorkommen, dass zwei verschiedene Frauen eine so einzigartige und geradezu seltsame Tat wie die Salbung der Füße Christi vollbracht haben sollen. Angesichts dieses Problems mussten

---

[8] Ebd., S. 362.

die katholischen Exegeten eine andere Strategie wählen, um die beiden Salbungen zu erklären. 1954 veröffentlichte André Légault ein Werk, in dem er behauptet, die beiden Salbungen seien in Wirklichkeit nur eine Salbung gewesen und ihre Aufspaltung sei das Ergebnis einer gewissen Verwirrung im Verlauf des Weges, den die mündliche Überlieferung genommen habe, bis sie schließlich bei den heiligen Autoren angekommen sei. Diese Vorstellung wurde dann von Rudolf Schnackenburg und vor allem von Raymond Brown aufgenommen. In seinen Überlegungen zu diesem Thema übernimmt Brown letztendlich die Ansicht, dass beide Texte von einem einzigen Geschehen sprechen, nämlich einer Salbung der Füße Christi, die irgendwann von einer ungenannten Frau ausgeführt worden sei. Er tut dies jedoch mit gewissen Vorbehalten und weist auf einige Probleme bei dieser Interpretation hin. Die bedeutsamste Frage, die er aufwirft, betrifft die Identität der Maria von Bethanien. Wenn sie nicht Christi Füße salbte, wie können wir dann die Tatsache erklären, dass sie in der frühen Johanneischen Gemeinde scheinbar bekannt war als die „Maria, die den Herrn mit Öl salbte und seine Füße mit ihrem Haar trocknete" (Joh 11,2)? Diese wichtige Frage schiebt er schließlich beiseite, um zu anderen Erwägungen überzugehen.

Ein anderer Autor, J. K. Elliott, vermutet ebenso, dass es nur ein einziges Salbungsgeschehen gegeben habe, und jeder Evangelist es auf seine eigene Art und Weise erkläre, im Einklang mit der Grundsubstanz seiner ganz speziellen Botschaft. Lukas zum Beispiel, der immer die Barmherzigkeit Christi hervorheben will, benutzt diese Episode, um anschaulich zu machen, wie Sündern Vergebung zuteilwird.[9] Sicherlich hat

[9] Ebd., S. 364–366.

es seit der Zeit, als Feuillet über dieses Thema schrieb, noch andere, vielleicht interessantere und bisweilen verworrenere Positionen gegeben, aber aus dem kurzen Blick auf die Exegese des zwanzigsten Jahrhunderts, den Feuillet zu diesem Thema bietet, wird deutlich, dass es diesen Aussagen an Klarheit mangelt. Gelehrte sind oft nicht in der Lage, zu einer logischen Schlussfolgerung zu gelangen, ohne zuvor die innere Einheit der Texte und manchmal auch die Irrtumslosigkeit der Schrift selbst anzugreifen. Ich möchte daher rasch zu der von Feuillet selbst besorgten Interpretation der Texte übergehen, da es ihm gelingt, sowohl die Integrität des inspirierten Wortes zu respektieren als auch zu einer vollkommen vernünftigen Identifizierung dieser geheimnisvollen Frau zu gelangen. Feuillet beginnt mit einem Vergleich beider Salbungen. Die erste wird nur von Lukas beschrieben (Lk 7,36–50), während die zweite Salbung von Matthäus, Markus und Johannes erzählt wird (Mt 26,6–13; Mk 14,3–9; Joh 12,1–8). Der erste Stolperstein, auf den wir beim Vergleich der Texte stoßen, ist die Tatsache, dass uns Markus und Matthäus in Bezug auf die zweite Salbung sagen, dass das Salböl auf das Haupt Christi gegossen wurde, während Johannes erklärt, dass es auf die Füße Christi gegossen wurde. Feuillet schlägt eine sehr vernünftige Lösung für dieses Problem vor: Die meisten Gelehrten sind sich darin einig, dass Johannes häufig Informationen liefert, die von anderen Evangelisten, die ihre Evangelien vor ihm schrieben, nicht geliefert werden, obwohl diese Informationen zur Zeit ihres Schreibens wohlbekannt waren. Oft füllt Johannes die Lücke und manchmal scheint er beim Leser die Kenntnis der synoptischen Tradition vorauszusetzen. Johannes leugnet nie, was von den anderen Evangelisten geschrieben wurde, aber er verlässt sich ganz frei auf seine eigene einzigartige Erinnerung an die Ereignisse und fügt neue Details hinzu, die er für wichtig hält. Als ein Augenzeuge der zweiten Salbung fügt er das verblüffende Detail hinzu, das von den anderen Evangelien nicht aufgezeichnet wurde, nämlich, dass das Öl auf die Füße Christi aufgetragen wurde.

Der heilige Augustinus meint, dass die Salbung der Füße unmittelbar nach der des Hauptes geschehen sei. Marie-Joseph Lagrange, der Gründer der *École Biblique* in Jerusalem, drückt es so aus: „Maria salbte, der Sitte entsprechend, das Haupt Jesu. Weil noch viel Salböl übrig blieb, goss sie es dann auch auf die Füße."[10] Feuillet erklärt, dass diese Deutung nicht künstlich konstruiert, sondern – im Licht der Worte Christi in Bezug auf diese Geste – vielleicht die einzig mögliche sei. Es war ein ganz normaler Brauch, einem angesehenen Gast das Haupt zu salben, und im Lukasevangelium sagt Jesus dem Pharisäer deutlich, dass er die Unterlassung dieser einfachen Geste des Respekts als kränkend empfunden habe (Lk 7,44–46). Wenn Maria nicht mehr getan hätte, als sein Haupt zu salben, dann hätte Jesus ihre Tat wohl kaum als eines ewigen Gedächtnisses wert gepriesen, noch hätte er gesagt, dass es sein „Leib" gewesen sei, der gesalbt wurde. Die Salbung seines Hauptes wäre ein gewöhnliches Ereignis gewesen, während die Salbung der Füße besonderer Erwähnung wert war.

Feuillet wendet sich dann wieder der früheren Salbung zu, die nur von Lukas beschrieben wird, und verwirft sofort die Idee, es würde sich dabei um dasselbe Ereignis handeln: Es geschieht an einem völlig anderen Ort und zu einem völlig an-

[10] M. J. Lagrange, *L'Évangile selon saint Jean* (Paris: Victor Lecoffre, 1925), S. 323.

deren Zeitpunkt im Leben Christi. Es steht in einem völlig anderen Zusammenhang und hat eine völlig andere Bedeutung, insofern diese erste Salbung von den Reuetränen einer Sünderin gekennzeichnet ist, während bei der zweiten Salbung von Tränen keine Rede ist, sondern von einer Ehrung der Armen und von dem bevorstehenden Begräbnis des Herrn. Im ersten Fall wird nicht das Haupt Christi gesalbt, sondern nur seine Füße. Hier gibt es auch keinen Hinweis auf eine Bedienung durch Martha, die sicher – wäre sie dabei gewesen – dafür gesorgt hätte, dass Christus alle erforderlichen Zeichen der Gastfreundschaft erhalten hätte. Das verwendete Salböl scheint von geringerer Qualität zu sein als das der zweiten Salbung, denn seine Verwendung provoziert keine Empörung bei den Zeugen.

Eine auffällige Gemeinsamkeit besteht darin, dass beide, der erste und der zweite Gastgeber „Simon" heißen. Diese Gemeinsamkeit ist jedoch kein Grund für eine künstliche Verschmelzung der beiden Ereignisse. Wenn wir nur einmal die Gruppe der Apostel betrachten: Der Name Simon kommt schon unter den Zwölfen zweimal vor. Wenn also schon ein Sechstel der Apostel Simon heißt, sollten wir uns nicht wundern, wenn der Name auch sonst gelegentlich auftaucht. Der Simon in der ersten Salbungsgeschichte ist ein Pharisäer, und die Tatsache, dass er Jesus zu einem Gastmahl einlädt, ist nicht überraschend, weil zu jener Zeit die Feindseligkeit der Pharisäer dem Herrn gegenüber noch geringer war; zur Zeit der zweiten Salbung jedoch lehnten die meisten Pharisäer Christus schon entschieden ab und verfolgten diejenigen, die an ihn glaubten (vgl. Joh 11,45–54). Der Simon in der zweiten Salbungsepisode ist nicht ein galiläischer Pharisäer, sondern wird „der Aussätzige" genannt und scheint ein Freund Christi aus Bethanien zu sein. Vermutlich war er früher aussätzig, wurde von Jesus geheilt und hatte sich dadurch mit ihm angefreundet.[11] Ein gesunder Respekt vor der Genauigkeit dessen, was uns die Evangelisten berichten, sollte uns zu der Schlussfolgerung veranlassen, dass wir über zwei verschiedene Ereignisse sprechen, die zwei verschiedene Gruppen von Menschen miteinbeziehen, und sowohl an zwei sehr unterschiedlichen Orten als auch zu unterschiedlichen Zeiten stattfinden.

Für Exegeten besteht der größte Einwand gegen die Annahme von zwei Salbungen darin, dass die Handlung der ausführenden Frau in beiden Fällen so gleichförmig ist. Die Versuchung liegt nahe, zu bezweifeln, dass es im öffentlichen Leben Christi zwei Ereignisse gegeben haben könnte, die einander so ähnlich sind; und um das ganze Problem auf einvernehmliche Weise zu lösen, werden beide Geschehnisse zu einem einzigen zusammengeführt. Wie oben erwähnt, ähneln die beiden Salbungen sich zwar in gewisser Weise, weisen aber auch einige wichtige Unterschiede auf; daher können wir sie nicht über einen Kamm scheren, ohne der Glaubwürdigkeit der Heiligen Schrift Schaden zuzufügen. Die Zweifel an der Echtheit der beiden Salbungen und die exegetische Versuchung, zu unterstellen, dass sich beide Berichte auf dasselbe Ereignis beziehen, lässt sich nach Feuillet auflösen durch die Schlussfolgerung, dass es zwei verschiedene Salbungen gab, die von derselben Frau vorgenommen wurden. Die Ähnlichkeiten ergeben sich also nicht aus dem Text und seinem Zusammenhang, sondern vielmehr aus der Persönlichkeit und den Ges-

[11] André Feuillet, „Les Deux Onctions Faites sur Jésus, et Marie Madeleine", *Revue Thomiste*, LXXV, 1975, S. 369–370.

ten dieser geheimnisvollen Frau, die mit ihrem Alabastergefäß voll Salböl kommt. Wie der große französische Dominikaner Henri Lacordaire einmal sagte, gab es zwei Salbungen, ausgeführt von einer Seele, wirklich zwei verschiedene Salbungen, aber ein Herz empfing beide. „Es gibt Dinge, die von der Seele, die sie [als innere Anregung] empfangen hat, wiederholt werden können, die aber niemals von einem anderen initiiert werden können [weil kein anderer genau diese Anregung empfängt].“[12]

Je länger wir die zweite Salbung betend betrachten, desto rätselhafter erscheint es uns, wie jemand überhaupt bezweifeln kann, dass es sich hier um dieselbe Frau handelt, die Christus zuerst in Galiläa gesalbt hat und dabei so weit ging, seine Füße mit ihrem Haar zu trocknen. Das ist kein gewöhnliches Verhalten. Ist es wirklich wahrscheinlich, dass zwei Frauen unabhängig voneinander etwas derart Unübliches getan haben sollten? Dieses einzigartige Muster in der Tätigkeit einer einzelnen Person, das mehr als einmal wiederkehrt, erklärt, warum beide Salbungen so ähnlich und doch deutlich verschieden voneinander sind. Allein diese Lösung erlaubt es uns, die Unterschiede und Ähnlichkeiten in einem vollkommenen Gleichgewicht zu halten. Am Ende scheint uns nur eine von zwei Möglichkeiten zu bleiben: Entweder wir sagen, dass es nur eine Salbung gab, und stellen damit die Richtigkeit der Heiligen Schrift selbst in Frage, oder wir sagen, dass in beiden Texten eine einzige Persönlichkeit die Frau durchstrahlt, eine einzige Persönlichkeit, die sich in ihrer Beziehung zu Jesus in zwei sehr unterschiedlichen Entwicklungsstufen befindet. Zur

---

[12] Henri Lacordaire, *Marie-Madeleine* (Paris: Éditions du Cerf, 2009), S. 41.

Zeit der zweiten Salbung sind keine Reuetränen mehr nötig, weil sie mittlerweile eine liebe Freundin Christi geworden ist und eine wahre Heilige im Werden. Sie wiederholt die Geste aus der Frühzeit ihrer Bekehrung, die zu einem Zeichen ihrer ganz persönlichen Hingabe an Christus geworden ist. Dass es sich in beiden Texten um ein und dieselbe Person handelt, war die Lösung des heiligen Augustinus und der gesamten westlichen Tradition nach ihm, bis ins zwanzigste Jahrhundert hinein. In den 1930er-Jahren, als die ersten Zweifel an dieser Lehre in der Kirche aufkamen, schrieb der große Jesuit und Autor Alban Goodier Folgendes in seinem Kommentar über die heilige Frau, der wir im 8. Kapitel des Lukasevangeliums begegnen:

> Wer war Maria Magdalena? – Dies ist kein Ort für Streitereien; wir malen ein Bild und nicht mehr. Wir wollen hier nur sagen, dass wir von all den Argumenten, die versuchen, die verbreitete Tradition der Kirche zu zerstören, nicht überzeugt sind. Ihre Stärke liegt darin, dass sie die einzigartige Beschaffenheit von Charakter und Handlung, die einzigartige Gleichheit von Hingabe und Ausdrucksform und die fast rücksichtslose Liebe ignorieren, die eine Frau kennzeichnet, und zwar von dem Tag an, da wir ihr in Magdala zu Jesu Füßen begegnen, bis zu dem Tag, da wir sie nach der Auferstehung zu denselben Füßen verlassen. Der Buchstabe mag sich gegen sie wenden, der Geist dieser Geschichte aus dem Evangelium scheint ganz zu ihren Gunsten zu sprechen; und der heilige Lukas, der sich charakteristischerweise in der Szene ihrer Erniedrigung weigert, ihren Namen zu verraten, sondern sie nur „eine Frau aus der Stadt, die eine Sünderin war" nennt, freut sich, ihr

nun – im Text gleich anschließend –, da sie eingesetzt wird als Leiterin der reuigen Frauen, die Jesus nachfolgten und ihm dienten, den vollen Titel Maria Magdalena zu geben.[13]

Eine johanneische Klarstellung bekräftigt das Argument

Es gibt noch ein weiteres Detail – der heilige Johannes lässt es uns wissen –, das uns zu der Schlussfolgerung veranlasst, dass die erste Salbung von derselben Frau vorgenommen wurde, die auch die zweite Salbung vollzog, das heißt von der Schwester des Lazarus, die wir manchmal Maria von Bethanien nennen. Die zweite Salbung steht im 12. Kapitel des Johannes-Evangeliums, aber wenn wir an den Anfang des 11. Kapitels dieses Evangeliums zurückschauen, finden wir dort folgende interessante Feststellung: „Maria ist die, die den Herrn mit Öl gesalbt und seine Füße mit ihrem Haar abgetrocknet hat; deren Bruder Lazarus war krank“ (Joh 11,2). Wenn es zwei Frauen gäbe, die solch eine Geste vollzogen hätten, wäre es sinnlos, Maria von Bethanien als **die** Frau, die dies tat, zu bezeichnen. Etwas anderes in diesem Text ist jedoch noch wichtiger: Johannes berichtet uns, dass sie dies in der Vergangenheit getan hat. Er gebraucht das Verb für „gesalbt“ im Aorist und bezieht sich damit definitiv auf ein vergangenes Ereignis. Er verweist auf ein Kapitel vorher, d. h. auf ein Geschehen, das der Salbung in Bethanien um einige Wochen vorausliegt. Hätte er von der zukünftigen Salbung gesprochen, dann hätte er das Verb in der Zukunftsform geschrieben, wie

[13] Alban Goodier SJ, *The Public Life of Our Lord Jesus Christ*, Band I (New York: P. J. Kenedy and Sons, 1931), S. 276.

er es z. B. tut, wenn er von Judas sagt, „denn dieser sollte ihn [zu einem späteren Zeitpunkt] verraten" (Joh 6,71).[14] Einige bestehen darauf, dass Johannes – ungeachtet der grammatikalischen Anomalie – tatsächlich hier schon die zukünftige Salbung erwähnt, doch nur selten spricht ein Autor über etwas, das sich erst später in der Geschichte ereignen wird. Im Fall von Judas tut Johannes dies, um die Worte Jesu, der im Voraus weiß, dass Judas ihn verraten wird, verständlicher zu machen. [Jesus erwiderte: „Habe ich nicht euch, die Zwölf, erwählt? Und doch ist einer von euch ein Teufel!" Er sprach von Judas, dem Sohn des Simon Iskariot; denn dieser sollte ihn verraten: einer der Zwölf (Joh 6,70–71).] Außerdem will Johannes seinen Lesern, die die Geschichte des Verrats vielleicht schon kennen, hier einen Wink geben. Im Fall der Maria von Bethanien scheint Johannes sich bewusst zu sein, dass die Geschichte der ersten Salbung, wie Lukas sie erzählt, seinen Zuhörern bereits bekannt war. Was sie vermutlich nicht wussten, ist die Identität jener im Lukasevangelium ungenannten Frau, die Johannes bei dieser Gelegenheit enthüllt. Diese Aussage des Johannes ist den Gegnern der Identifikationstheorie ein Dorn im Auge; für Feuillet ist es eine Aussage, die viele nicht ausreichend berücksichtigt haben.[15] Auch der anglikanische Gelehrte J. H. Bernard sah sich gezwungen zuzugeben – obwohl er kein großer Verfechter der katholischen Tradition war –, dass der Evangelist Johannes Maria von Bethanien mit der Sünderin aus Lukas 7 identifiziert. Er nannte dies eine einleuchtende Schlussfolgerung, denn „den christlichen Lesern der nachfolgenden Generation wäre eine Erläuterung, die gleichermaßen

[14] Ebd., S. 372.

[15] Ebd.

auf zwei verschiedene Frauen hätte zutreffen können, nicht dienlich gewesen."[16]

Die Frau, die ein gutes Werk tut

Eine andere Frage, die Feuillet aufwirft, ist die, warum Maria, deren Bruder und Schwester in Bethanien leben, auch Maria Magdalena oder wörtlich Maria, die Magdalenerin, genannt wird, ein Titel, der sie mit der Stadt Magdala identifiziert. Diese Identifizierung bedeutet nicht automatisch, dass sie dort geboren sein muss, sondern kann einfach heißen, dass sie eine Zeit lang dort gelebt hat. (Ich wurde in England geboren und verbrachte einen großen Teil meiner Kindheit dort, aber weil ich lange Zeit in Irland gelebt habe, werde ich fast immer als „Irischer Priester" bezeichnet.) Wenn man die Evangelien liest, ist es bemerkenswert, wie wenige der vertrauten Jünger Christi mit einer Stadt identifiziert werden. Wir nennen Andreas nicht den „Bethsaiden" und Matthäus nicht „den aus Kafarnaum". Wenn dann doch zuweilen ein Mann mit einer Stadt identifiziert wird (z. B. Nathanael aus Kana), so ist es für eine Frau äußerst seltsam, in dieser Weise identifiziert zu werden. Für eine Frau ist es normal, mit ihrem Ehemann und ihrer Familie in Verbindung gebracht zu werden, nicht jedoch mit einem Ort. Maria „die Magdalenerin" zu nennen, ist höchst ungewöhnlich und hängt möglicherweise mit dem Ruf zusammen, den sie sich in der Stadt Magdala erworben haben könnte.

---

[16] J. H. Bernhard, *The International Critical Commentary on the Gospel of John* (Edinburgh: T&T Clark, 1928), S. 373.

Die alte provenzalische Tradition hat immer folgende Annahme vertreten: Maria Magdalena stammte aus einer wohlhabenden Familie, die in Bethanien lebte. Doch zu einem bestimmten Zeitpunkt zog Maria in die Stadt Magdala, die am malerischen Ufer des Sees Genesareth liegt und deren Einwohner zum großen Teil Heiden waren. Der Zustrom der Heiden war für die einheimischen Juden zu einem Skandal geworden, weil dadurch die moralischen Normen in diesem Ort völlig absanken. Hier, in dieser verführerischen Umgebung, wurde Maria von ihrer kindlichen Treue zum Gesetz des Mose abgebracht; dann fiel sie zur Schande ihrer in Bethanien recht angesehenen Familie so tief, dass sie bei den Juden als öffentliche Sünderin, als die berüchtigte Magdalena bekannt wurde. Sie bekehrte sich, als sie Christus in der Anfangszeit seines öffentlichen Wirkens begegnete, und schließlich finden wir sie zu einem viel späteren Zeitpunkt erneut in Bethanien, wo sie wieder Zeit mit ihrer Familie verbringt. Obwohl diese Familie in Judäa lebte, weit entfernt von Galiläa, wo Christus aufwuchs und die meiste Zeit seines öffentlichen Wirkens verbrachte, scheint diese Familie – dem Johannesevangelium gemäß – Jesus besonders nahe gestanden zu haben. Eine solche freundschaftliche Beziehung ließe sich dadurch erklären, dass Maria Magdalena Christus in Galiläa kennengelernt hatte und dass Jesus dank ihrer Bekehrung dann die aufrichtigste Zuneigung der ganzen Familie zuteilwurde. Unser Herr hat längere Phasen in Galiläa und Peräa gewirkt, aber die Evangelien zeigen, dass er nicht allzu viel Zeit in Judäa verbrachte. Wann immer er aber in diese Gegend kam, konnte er sich stets auf die dankbare Familie von Bethanien verlassen, die dafür sorgte, dass er sich dort wie zu Hause fühlte.

Aus den Evangelien erfahren wir einige wichtige Details über Maria Magdalena. Sie wird beschrieben als eine Frau, aus der Jesus „sieben Dämonen" ausgetrieben hat, doch wird dieser Vorgang nicht weiter erläutert. Nach ihrer Befreiung wird sie ein Mitglied der Jüngergemeinde und gehört zu den Frauen, die großzügig dazu beitragen, Jesus und den Aposteln in ihren materiellen Bedürfnissen zu helfen. Zweimal findet man sie auf einer Namensliste neben Johanna, der Frau des Verwalters des Herodes, eines äußerst einflussreichen Mannes namens Chuza; das lässt die Vermutung zu, dass sie vor ihrer Bekehrung mit dem Hof des Königs Herodes in Verbindung gestanden haben könnte. Während des öffentlichen Wirkens Jesu erscheint ihr Name nicht sehr oft, aber sie ist auf jeden Fall an der Seite der seligen Jungfrau Maria am Fuß des Kreuzes anwesend. Am Außergewöhnlichsten ist vielleicht die Tatsache, dass sie am Ostersonntagmorgen am leeren Grab steht, als der auferstandene Herr beschließt, ihr zu erscheinen – noch ehe er seinen Aposteln erscheint – und ihr den Auftrag zu erteilen, erstmalig in der Menschheitsgeschichte die Wahrheit seiner Auferstehung zu verkünden. Sie muss wahrhaftig eine liebe Freundin Christi sein, da sie solche Privilegien erhalten hat.

Aber kann sie, abgesehen von der Tatsache, dass sie ebenfalls „Maria" heißt, mit dem Bild der Maria von Bethanien, wie oben erläutert, in Übereinstimmung gebracht werden? Die Tatsache, dass sie diejenige war, von der – irgendwo in Galiläa – sieben Dämonen ausfuhren, würde der Identität der sündigen Frau entsprechen, die sich unter Tränen zu Füßen Jesu bekehrte, und so würde dieser Teil ihrer Identität ganz mit der einer reuigen Sünderin übereinstimmen; es ist jedoch hilfreich, einige der Schlüsseltexte genauer zu betrachten, um andere mögliche Verbindungen zu ermitteln.

Nach jahrelangem Studium dieser Frage war Feuillet fest überzeugt: „Maria Magdalena" ist nur eine andere Bezeichnung für „Maria, die Schwester des Lazarus", die wir heute gern „Maria von Bethanien" nennen. Er räumt jedoch ein, dass diese Identifizierung nicht unmittelbar offensichtlich ist, sondern auf dem beruht, was wir als Konvergenz der Wahrscheinlichkeiten bezeichnen. Diese Art von Beweisführung wird oft bei der Untersuchung historischer Ereignisse verwendet, wenn man versucht, bestimmte Schlussfolgerungen zu ziehen, für die nicht alle Beweise vollständig verfügbar sind. Im Grunde genommen heißt das, dass wir aus der Beobachtung der verfügbaren Details die wahrscheinlichste Schlussfolgerung ziehen können. Feuillet glaubt, dass die Tradition, auf die sich die westliche Kirche in Bezug auf die heilige Maria Magdalena geeinigt hat, auf der Grundlage der verfügbaren Fakten tatsächlich die wahrscheinlichste Schlussfolgerung war. Manche werden überrascht sein, dass die Identifikationstheorie wahrscheinlicher sein soll als die Theorie, dass es sich um drei verschiedene Frauen handelt.

Das vielleicht wichtigste Argument, das Feuillet anführt, hat auch der heilige Thomas von Aquin in seinem Kommentar zum 12. Kapitel des Johannesevangeliums benutzt. (Thomas von Aquin stellt darin sowohl die östliche als auch die westliche Meinung dar, scheint aber letztlich die Position des Westens zu übernehmen und darauf aufzubauen.) Die westliche Meinung lässt sich so zusammenfassen: Maria von Bethanien wird von Jesus dafür gelobt, dass sie seinen Leib zum Begräbnis salbte. Sie steht Christus nahe genug, um vom Himmel auserwählt zu werden, dieses wichtige Werk der Liebe zu vollbringen. Es ist daher naheliegend zu erwarten, dass dieselbe Frau auch am Ostersonntagmorgen da sein wird – zusammen mit den anderen heiligen Frauen –, um den Leichnam Christi zu salben, da sie daran gehindert worden waren, dies ordnungsgemäß zu tun, bevor das Grab vor Anbruch des Sabbats schnell geschlossen wurde.

Eines ist sicher: Sie ist eine Frau, die mit der Salbung seines Leichnams für das Begräbnis in Zusammenhang gebracht wird; und die erste Person, die versucht, dies zu tun, ist eine Frau namens Maria Magdalena. Der heilige Thomas schrieb Folgendes:

> Er fügt hinzu, sie soll es für den Tag seines Begräbnisses aufbewahren, und sagt damit sowohl seinen nahenden Tod voraus als auch die Freundlichkeit, die diese Frau ihm in seinem Grab zu erweisen bereit gewesen wäre, wenn er es nicht durch sein frühzeitiges Auferstehen verhindert hätte, denn so lesen wir im Markusevangelium (16,1): „Maria Magdalena", und die anderen Frauen, „kauften wohlriechende Öle, um damit zum Grab zu gehen und Jesus zu salben." Darum sagte er, sie soll es für den Tag seines Begräbnisses aufbewahren: nicht dieselbe Salbe, die sie benutzte, sondern eine Salbe der gleichen Art, im Allgemeinen oder im Besonderen, oder auch einen ähnlichen Dienst. Es ist, als ob er sagen würde: Haltet sie nicht davon ab, das für mich zu tun, während ich lebe, was sie nicht für mich tun kann, wenn ich tot bin. Denn, wie ich schon sagte, wurde sie durch die so schnell erfolgte Auferstehung Christi daran gehindert. Dies kommt bei Markus (14,18) deutlicher zum Ausdruck: „Sie hat im Voraus meinen Leib für das Begräbnis gesalbt."[17]

[17] Thomas von Aquin, *Kommentar zum Johannes-Evangelium*, Nr. 1608.

Feuillet geht noch weiter als der „Doctor Angelicus“ [der „Engelgleiche Lehrer“]. Er bemerkt, dass unter den Frauen, die zur Zeit der Passion und der Auferstehung zugegen sind, drei den Namen Maria tragen: Maria, die Mutter Gottes, ihre Schwester Maria, die Frau des Klopas, und Maria Magdalena. Wir wissen etwas über die Identität der beiden ersten Frauen und vor dem Hintergrund ihrer Blutsverwandtschaft mit Christus überrascht uns ihre Anwesenheit auf Kalvaria nicht; aber wir wissen sehr wenig über Maria Magdalena, wenn sie nicht Maria von Bethanien ist. Ist es wahrscheinlich, dass sie, die – wenn es nicht Maria von Bethanien ist – während des öffentlichen Lebens Christi kaum auf den Seiten der Evangelien erscheint, nun nicht nur beim Kreuz anwesend wäre, sondern auch bei der Auferstehung einer solch bevorzugten Erscheinung gewürdigt würde?

Es scheint wahrscheinlicher zu sein, dass Maria Magdalena Maria von Bethanien ist, die Schwester des Lazarus, die sonst in den Texten über die Passion und die Auferstehung gar nicht erwähnt würde, trotz ihrer Nähe zu Christus und ihrer Verbindung mit der Salbung zum Begräbnis. Ihre Salbung drückte reinste Liebe zu Christus aus und es bräuchte mehr als die Passion, um eine solch liebende Seele von ihrem Herrn zu trennen. Tatsächlich würden die Leiden Christi nur dazu dienen, das größte Mitgefühl einer Seele zu entlocken, die so viel über die Liebe weiß. Vielleicht empfängt sie die Erscheinung des auferstandenen Herrn als eine Art Anerkennung des „guten Werkes“, das sie an Jesus getan hat, als sie ihn für das Begräbnis salbte (vgl. Mt 26,10). Jesus selbst war es, der verkündete, dass diese Frau sein Begräbnisritual begonnen habe. Es scheint logisch, dass Maria von Bethanien – das ist übrigens ein Name, den die Heilige Schrift niemals benutzt – am Ostermorgen zurückkommt, um das Ritual zu vollenden. Frank Sheed fasste es sehr gut zusammen: „Es ist kaum glaubhaft, dass **die** Maria, die in Bethanien so tief in Kontemplation über ihn versunken war, nicht die zwei Meilen zurückgelegt haben soll, um auch auf Kalvaria bei ihm zu sein. Es ist auch kaum glaubhaft, dass **die** Maria, die seine Füße in Simons Haus salbte – ‚zu meinem Begräbnis', sagte unser Herr (Mt 26,12) – nicht zu der Gruppe von Frauen gehört haben soll, die wohlriechende Spezereien brachte, um Jesus im Grab zu salben."[18]

Feuillet fordert, um dieses Geheimnis zu ergründen, zu tiefer Betrachtung über die Texte auf. Als Maria, die Schwester des Lazarus, in Bethanien die Füße Jesu mit kostspieligem Salböl salbte, antwortete Jesus etwas sehr Ungewöhnliches, als Judas fragte, warum das Salböl nicht verkauft und der Erlös den Armen gegeben worden wäre: „Lass sie, damit sie es für den Tag meines Begräbnisses tue" (Joh 12,7). Unser Herr sagt die Dinge oft in einer Weise, die zunächst unverständlich ist, damit seine Zuhörer tiefer über seine Worte nachsinnen können. Das Wort, das Jesus für „Begräbnis" benutzt, verweist im griechischen Text besonders auf das Ritual der Einbalsamierung. Christus deutet also an, dass er sehr bald sterben werde und dass Maria mit seinen Bestattungsriten begonnen habe. Wahrscheinlich verstand Maria nicht, was Jesus sagte, sondern folgte einfach den Eingebungen der Liebe ihres Herzens, als sie ihn salbte. Angesichts der Tatsache jedoch, dass Jesus sie auserwählt hat, seinen Leichnam zu salben, ist es nahezu unmöglich, sich vorzustellen, dass sie am Ostersonntag nicht zum Grab gehen würde, um den von ihr begonnenen Ritus zu

---

[18] Frank Sheed, *To Know Jesus Christ* (San Francisco: Ignatius Press, 1992), S. 285.

vollenden. Wenn wir Maria von Bethanien nicht mit Maria Magdalena identifizieren, dann ist sie nicht am Grab.

Bei der Salbung in Bethanien sagte Jesus, die lobenswerte Erinnerung an das, was Maria für ihn getan habe, werde überall dort, wo das Evangelium verkündet werden würde, auch erzählt werden (vgl. Mt 26,13). Doch wer hat jemals einen Prediger das Lob der heiligen Maria von Bethanien singen oder die Kirche in ihren Litaneien deren Fürsprache erbitten hören? Wenn sie aber niemand anders ist als die heilige Maria Magdalena, dann hat sich Christi Prophetie in jeder Generation erfüllt. Es gibt keinen Fest- oder Gedenktag für eine Einzelperson namens Maria von Bethanien, wohl aber wird der Gedenktag der heiligen Martha von Bethanien am Oktavtag des Festes der heiligen Maria Magdalena begangen.

Es gibt noch andere Konvergenzen der Wahrscheinlichkeit, die die beiden Marias in diesen Texten verknüpfen: Als Maria von Bethanien Jesus mit ihrem kostbaren Öl salbte, rief Judas wie wir wissen aus, dass man es hätte verkaufen und das Geld den Armen geben sollen. Das sagte er aber nicht, weil er ein Herz für die Armen gehabt hätte, sondern weil er ein Dieb war; er hatte nämlich die Kasse und veruntreute die Einkünfte (Joh 12,6). Wenn wir dies im Hinblick auf die Tatsache lesen, dass Lukas Maria Magdalenas Namen auf die Liste jener Frauen setzte, die die apostolische Gruppe in ihren materiellen Bedürfnissen mit ihrem eigenen Vermögen unterstützte, können wir begreifen, warum Judas protestierte: Er wusste, dass, wenn das Parfum verkauft worden wäre, das Geld ganz sicher zu ihm als dem Kassenverwalter der apostolischen Gelder gekommen wäre.[19]

---

[19] André Feuillet, „Les Deux Onctions Faites sur Jésus, et Marie-Madeleine“, *Revue Thomiste*, LXXV, 1975, S. 377.

Abschließend liefert Feuillet eine weitere interessante Idee, die diesmal aus der Liturgie der Kirche stammt, durch die der Heilige Geist uns oft Licht gibt, um tiefe Geheimnisse der Heiligen Schrift zu verstehen. Für das Fest der heiligen Maria Magdalena legt uns die Kirche das Evangelium aus dem 20. Kapitel des Johannes vor, in dem Maria weint und ihren geliebten Jesus überall sucht. Bei der ersten Lesung dieses Festes handelt es sich um ein Vorausbild dieses Textes, zu finden im dritten Kapitel des Hoheliedes. Die Lesung spricht von einer Frau, die sich verzweifelt danach sehnt, ihren Geliebten zu sehen, die durch die Straßen rennt und dann die Leute fragt, wo er hingegangen sei. Die Kirche möchte, dass wir in Maria Magdalena diese mystische Braut aus dem Hohelied sehen, die durch eine Art erster Erfahrung von „dunkler Nacht der Seele" geht. Ein anderer Hinweis im Hohelied lässt uns jedoch an die Salbung Christi, des Königs, durch Maria von Bethanien denken, vor seinem Einzug in die königliche Stadt Jerusalem: „Solange der König an der Tafel liegt, gibt meine Narde ihren Duft" (Hld 1,12). Nur zweimal in der ganzen Heiligen Schrift wird Narde erwähnt: erstens in den geheimnisvollen Dialogen des Hoheliedes und zweitens, als Maria von Bethanien das Haus mit dem Duft der Narde erfüllt, während der König – auf seinem Polster liegend – an der Tafel weilt. Wenn die Kirche uns zu einer Meditation über das Hohelied in das Alte Testament zurückschickt und uns dort eine Frau zeigt, die in dem einem Moment ein Vorausbild jener Frau ist, die wir die heilige Maria Magdalena nennen, und im nächsten Moment ein Vorausbild der Maria von Bethanien, dann können wir verstehen, warum diese Heilige von einem französischen Prediger als „die in Stücke geschnittene Frau" bezeichnet wurde.

Die Gleichsetzung der Maria von Bethanien mit Maria Magdalena ist die Schlussfolgerung, die von vielen Kirchenlehrern und Heiligen im Laufe der Kirchengeschichte gezogen wurde, und es ist nicht nur eine vollkommen vernünftige Schlussfolgerung, sondern Feuillet würde hinzufügen, dass es die wahrscheinlichste ist. Wir werden im Verlauf der folgenden Betrachtungen kurz auf bestimmte exegetische Fragen zurückkommen, aber fürs Erste haben wir genug gesagt, um damit beginnen zu können, die Gestalt zu skizzieren, die zum Vorbild der Büßer und zu Christus Bekehrten geworden ist. Wie oben erwähnt, ist niemand verpflichtet, diese Sicht der heiligen Maria Magdalena anzunehmen oder abzulehnen; die Kirche lässt uns frei, unseren Herzen zu folgen und dementsprechend zu entscheiden. Der Autor ist davon überzeugt, dass die uralte Tradition der römisch-katholischen Kirche richtig war, und sollte er falsch liegen, dann ist er glücklich, dass er zusammen mit den hellen Leuchten der christlichen Wahrheit – Gregor, Augustinus und Thomas von Aquin – falsch liegt. Diese heiligen Meister der geistlichen Schriftdeutung haben uns die Betrachtung einer der größten Bekehrungsgeschichten erschlossen, die je erzählt wurde. Der Rest dieses Buches wird ein kontemplativer Blick auf die Begegnungen zwischen dieser schönen Seele und dem Herrn Jesus Christus sein, demselben Herrn, dem wir heute im Geheimnis der heiligsten Eucharistie begegnen.

2

Die verlorene Tochter kommt nach Hause

Wenn man die Basilika der heiligen Maria Magdalena in der Provence betritt, wird man sofort von der Schönheit der alten Kanzel eingenommen, von der aus die großen Dominikaner vergangener Jahrhunderte ihre Predigten hielten, oft sicher über die Schutzpatronin ihres Predigerordens, die sie gerne die „Apostola Apostolorum" nannten. In den sieben Holzschnitzereien aus dem achtzehnten Jahrhundert, die die Außenseite der wunderschön geformten Kanzel umgeben, finden wir eine künstlerische Zusammenfassung der geistlichen Reise der Heiligen: von der Sündhaftigkeit zur Heiligkeit. Beim Betrachten des ersten Bildes auf der Kanzel ist sich der Besucher der Basilika jedoch oft nicht sicher, auf welche Szene im Evangeliums es sich bezieht, und das zu Recht. Die Wahrheit ist, dass es sich auf gar keine ausdrückliche Szene aus dem Evangelium bezieht. Es zeigt den göttlichen Herrn in der respekteinflößenden Haltung eines Lehrers sitzend, mit erhobener rechter Hand, als ob er gerade jemanden aus seiner Gegenwart vertreiben würde. Unter seinen Zuhörern ist eine schöne Frau in feiner Kleidung und mit prunkvollem Schmuck. Es ist die „alte" Maria, kurz vor dem Moment ihrer radikalen Bekehrung zu Christus. Die uralte Tradition, die in St. Maximin weitergegeben wurde – in den letzten sieben Jahrhunderten vor allem von den dominikanischen Predigern –, besagt, dass Marias erste Begegnung mit Christus nicht von den Evangelisten berichtet wird. Sie soll Jesus irgendwo in Galiläa begegnet sein, als er predigte, und wie so oft, wenn sein allmächtiges Wort erklang, geschah es, dass sie von dem Bösen, in dessen Macht sie gefangen war, befreit wurde. Mit seiner machtvoll erhobenen rechten Hand treibt Christus die bösen Geister aus, die das Leben dieser Frau zu einem unerträglichen Alptraum gemacht hatten.

Wenn wir den Text genauer untersuchen, werden wir sehen, wie er uns auf eine erste, nicht dokumentierte Begegnung zurückverweist. Wir können etwas von jenem Moment der Gnade erahnen, als Magdalena sich zum ersten Mal aus der Dunkelheit in Gottes wunderbares Licht gerufen fühlte. Es wurde vermutet, Magdalena sei einst eine Prostituierte gewesen, aber davon ist in den biblischen Texten nirgendwo die Rede. Da sie anscheinend eine wohlhabende Frau und eine Freundin der Frau des Verwalters des Herodes war, meinten einige, sie könne wohl keine gewöhnliche Prostituierte, sondern eher eine Kurtisane oder ein anderes prominentes Mitglied des korrupten Hofes von König Herodes gewesen sein. Dieser hatte eine Vielzahl von götzendienerischen Heiden in der Stadt Tiberias angesiedelt, deren sündhaftes Verhalten auf das nahegelegene Magdala übergriff, wo sich viele von ihnen schließlich dauerhaft niederließen. Die Geschichte legt nahe, dass Magdalena, wenn sie sich tatsächlich in die Gesellschaft jener Leute hatte verlocken lassen, die den blutrünstigen König umgaben, viel Kontakt mit Bosheit und Lasterhaftigkeit gehabt haben muss. Der Hof des Herodes gehörte zu den Orten, an denen man Zeuge eines Machthungers werden konnte, der auch vor Verrat und vor der Hinrichtung Unschuldiger nicht zurückschreckt. Im Verlauf eines besonders festlichen Mahles kam die Musik zum Stillstand, als der Kopf eines heiligen Mannes auf einem Tablett in den Festsaal getragen wurde, nur weil jemandes Stolz durch seine Worte verletzt worden war (Mt 14,1–12).

Wie das frühere Leben Maria Magdalenas genau aussah, bleibt offen für Spekulationen, denn alles, was die Heilige Schrift darüber sagt ist, dass sie eine bekannte Sünderin war, aus der sieben Dämonen ausfuhren. Sieben ist die Zahl, die im Judentum Vollständigkeit oder Totalität ausdrückt; von sieben Dämonen zu sprechen, könnte also darauf hindeuten, dass sie von allen möglichen sündigen Verhaltensweisen heimgesucht wurde. Sie hatte sozusagen nichts ausgelassen. Dämonische Aktivität und sündhaftes Verhalten gehen immer Hand in Hand, und je mehr Ersteres vorhanden ist, desto ungeordneter ist Letzteres. Da Maria in Magdala wohnte und mit so vielen Heiden in Kontakt kam, hat sie möglicherweise auch an einigen ihrer Rituale teilgenommen. Für gläubige Juden war diese Form des Götzendienstes die schlimmste Sünde, die man überhaupt begehen konnte. Das allein hätte für einheimische Juden schon ausgereicht, um sie spöttisch als „die Magdalena“ zu bezeichnen.

Nach einer alten Überlieferung war Maria von sehr wohlhabender Herkunft und ihr Vater, ein Mann namens Syrus, besaß Eigentum in ganz Israel. Nach dessen Tod blieb ihr Bruder Lazarus in Jerusalem, während Martha in Bethanien und Maria in einem Familienbesitz am See von Galiläa in einer Küstenstadt namens Magdala wohnte. Sie wurde schnell zum Gesprächsthema in der Stadt, denn sie war so schön, wie sie wohlhabend war, und eine solche Kombination zieht oft die schlechteste Gesellschaft an. Angesichts der reichen Ausländer, die in diese Gegend strömten, um an den heidnischen Vergnügungen des nahe gelegenen Tiberias, den römischen Bädern und den aufregenden Pferderennen teilzuhaben, mag Maria – vom Geist der Welt verführt – versucht gewesen sein, wie die scheinbar so unbeschwerten Heiden zu leben.[20] In seinem Buch *Maria Magdalena* nutzt Raymond Bruckberger OP seine große Vorstellungskraft und sein Wissen über alte Kulturen, um ein faszinierendes Bild der Persönlichkeit der Heiligen vor ihrer Bekehrung zu zeichnen. Zu dieser Zeit wurden die griechische Literatur und Philosophie sowie die heidnischen Praktiken der römischen Kultur von vielen weltlichen Juden, die der Religiosität ihres eigenen Volkes und seiner viel frommeren Lebensweise überdrüssig waren, mit großer Bewunderung aufgenommen. Die alte Versuchung, sich den Heiden anzugleichen, war mit Macht zurückgekehrt, vor allem jetzt, da die in Alexandria und anderen großen Städten lebenden Juden zu den großen Festen wieder nach Jerusalem pilgerten und von alldem erzählten, was sie anderswo erlebten. Die Juden mit griechischer Erziehung schienen immer so

[20] Jean Gobi l'Ancien, *Miracles de Sainte Marie-Madeleine* (Paris: CNRS Éditions, 2009), S. 179.

viel kultivierter zu sein als die Juden in Judäa und so begann ihr Beispiel ihre Brüder im Heiligen Land zu beeinflussen.

Eine junge, wohlhabende Frau wie Magdalena könnte von ihrem Vater eine griechische Erziehung erhalten haben, und – in ihrem Glauben nicht genügend gefestigt sowie den Versuchungen der Jugend ausgesetzt – verliebte sie sich in das, was sie über die freie und aufregende Welt der Antike las. Sie wird davon geträumt haben, wie eine der alten Göttinnen verehrt zu werden. Wie Cleopatra würde sie ihre Schönheit und ihren Reichtum nutzen, um ihren eigenen Weg zu gehen und jemand zu werden, den diese Welt niemals vergessen würde. Für Bruckberger war ihre Entscheidung, nach Magdala zu ziehen, zum Teil durch den Wunsch motiviert, sich von den moralischen Fesseln Judäas zu lösen und sich der heidnischen Freiheit anzunähern, die jetzt in der Gegend um Tiberias aufkam.[21]

Bruckbergers Fantasie folgt ihr, als sie zunächst in Magdala anfängt, sich auf Abwege zu begeben und schließlich den Hof des Herodes betritt, wo sie sofort zu einem der beliebtesten Mitglieder wird. Der unmoralische König Herodes selbst war fasziniert vom Charme dieser geistreichen und auffallend schönen jungen Frau, deren freier Geist sie zur Freude seiner heidnischen Gäste machte. Männer waren ihr schon immer zu Füßen gefallen, aber nun, da die Bewunderung von Königen und Prinzen das Feuer ihrer Eitelkeit anheizte, begann sie sich wie Cleopatra zu fühlen. Die junge Magdalena, die die Gesellschaft so gewissenloser Frauen wie Herodias und ihrer Tochter, die durch ihren Tanz berühmt geworden war, zuließ, begann das Leben zu

[21] Raymond Léopold Bruckberger OP, *Marie Madeleine* (Paris: La Jeune Parque, 1953), S. 20.

leben, von dem sie als Jugendliche geträumt hatte. Nach einigen Jahren in dieser dunklen Welt der Reichen und Berühmten blieb ihr jedoch nichts als ein bitteres Herz und ein aufgewühltes Gewissen. Jede Seele ist für die unendliche Liebe geschaffen, und wenn diese Liebe außerhalb Gottes gesucht wird, befindet sich die Seele schon bald in einem Zustand trauriger Frustration, vor allem dann, wenn sie mit einer besonderen Fähigkeit zu intensiver Liebe erschaffen wurde. Magdalena wurde der oberflächlichen, weltlichen Gespräche überdrüssig und sehnte sich nach jemandem, der ihr den wahren Sinn ihrer Existenz hätte erklären können. Sie war auch zutiefst verstört wegen all der Brutalität, deren Zeugin sie gewesen war. Wo Macht und Ruhm so hochgeschätzt werden, ist niemand seines Lebens sicher. Wie wunderbar muss die befreiende Gesellschaft Christi des Königs nach der erdrückenden Gesellschaft des Tyrannen Herodes gewesen sein! Zusätzlich zu dem Ekel, den sie über das empfand, was sie in königlichen Kreisen gesehen hatte, sowie dem tiefen Mangel an Erfüllung in ihrem Herzen, hatte Maria noch ein weiteres großes Problem, über das sie wohl kaum mit jemandem sprechen konnte: Seit ihrer Jugend hatte sie immer so etwas wie eine innere Dunkelheit gespürt, eine Seelenqual, die ihr Herz zerfraß, und am Hof konnte sie spüren, wie diese Qual immer stärker wurde. Sie wurde von Albträumen und dunklen Versuchungen aller Art gepeinigt, von Gedanken, die zu schrecklich waren, um sie offenbaren zu können. Sie erlebte oft eine überwältigende Neigung zum Bösen und zur Selbstvernichtung und das ängstigte und beunruhigte sie in letzter Zeit immer mehr. Die ständigen Trinkgelage mit ihrem falschen Gelächter wurden nun immer unerträglicher für eine, die nicht mehr verbergen konnte, dass sie so tief unglücklich war.

Bruckberger sieht in der Ankunft Johannes des Täufers, seiner heiligen Gegenwart und seiner Gebete im Kerker des Palastes eine glückliche Fügung, gerade in dem Moment, als in Magdalena die Willenskraft zunahm, sich von dieser Lasterhöhle zu lösen. Nicht einmal die Mauern seiner Gefängniszelle konnten den größten aller Propheten davon abhalten, Herzen auf die Begegnung mit Christus vorzubereiten. Die Heilige Schrift berichtet, dass Herodes dem Täufer gerne zuhörte; demnach ist es durchaus möglich, dass Johannes während der Zeit, die er im Palast eingesperrt war, Gelegenheit hatte, einige arme Sünder zurechtzuweisen. Vielleicht gehörte Magdalena zu den allerletzten Herzen, die der Täufer für die Begegnung mit dem Messias vorbereiten konnte.[22]

Mit der gleichen rücksichtslosen Freiheit, mit der sie gekommen war, verließ Maria nun den Palast des Herodes, ohne auch nur ein Wort darüber zu verlieren, wohin sie gehen würde. Die einzige Person, mit der sie in Kontakt bleiben würde, war Johanna, die Frau des Chuza, die in letzter Zeit auch der Eitelkeit des Hoflebens überdrüssig geworden war. Johanna würde sich nicht so leicht vom Hof des Herodes lösen können, und wie beneidete sie Magdalena, die ihr sagte, dass sie sich einfach entschieden hatte, wegzuziehen, woanders hinzugehen, um weiter nach dem Glück zu suchen, nach dem sie immer verlangt hatte, das sich aber ihrem Zugriff immer weiter entfernte. Im Leben eines jeden Sünders gibt es einen Moment, in dem er eine Entscheidung treffen muss, von der sein Seelenheil abhängt. Manchmal ist es etwas sehr Einfaches und im Fall von Magdalena war es vielleicht nicht mehr als die Annahme einer Einladung, den neuen Rabbi zu hören, von

[22] Ebd., S. 17–40.

dem ganz Galiläa sprach. Sie war es nicht gewohnt, Predigern zuzuhören, aber in letzter Zeit hatte sie eine solche Qual an innerer Unzufriedenheit erlebt, dass sie bereit war, alles zu versuchen.[23]

Mit diesem dunklen Schmerz in ihrer Seele begann sie auch zu ahnen, dass sie vielleicht einer Art geistlichen Heilung bedürfe. Sie befand sich jetzt an einer Wegkreuzung und würde sich bald entscheiden müssen zwischen Leben und Tod. Maria Magdalena hatte den kritischen Punkt erreicht, der zu einem Erwachen des Geistes und zur Entdeckung des wahren Glücks führen kann, wenn der Mensch nur bereit ist, demütig seine Bedürftigkeit nach Gott anzuerkennen und sich ihm zuzuwenden. So zögerlich sie auch war, diesen letzten Schritt zu tun, sah sie doch einen Hoffnungsschimmer in dem, was die Menschen über den neuen Rabbi sagten, der auf eine ganz neue Weise und mit einer solchen Autorität und Beredsamkeit von Gott sprach. Sie sagten, seine Worte seien nicht wie die dürren und leeren Worte der Pharisäer, deren verdrießliche Predigten immer das Gefühl vermittelten, dass die Forderungen des Gesetzes für gewöhnliche Sterbliche unerreichbar waren. Sie sagten, seine Worte seien tief und schön, wohl anspruchsvoll, aber immer voll Hoffnung und Frieden für die, die sie hörten. So entschied sie sich, ihm eine Chance zu geben.

Vielleicht machte sie sich auf den Weg zu dem Ort, wo er, wie es hieß, predigen würde: auf irgendeinem Hügel mit Blick auf den See, nicht weit von der Stadt Kafarnaum entfernt. Ein Teil von ihr fühlte eine seltsame Freude bei dem Gedanken an das,

---

[23] Pierre Sanson, *Marie Madeleine, Celle qui a beaucoup aimé* (Paris: Albin Michel, 1934), S. 62.

was sie nun wohl hören würde, aber ein anderer Teil von ihr empfand tiefe Angst, fast Panik, angesichts dessen, was da geschehen sollte. Trotz der plötzlichen Versuchung, zu fliehen und sich von diesem Lehrer fernzuhalten, siegte die Neugier und sie zwang sich, ihren Weg fortzusetzen in Richtung der Menge, die sich um den jungen, weiß gekleideten Rabbi versammelt hatte. Als sie der Menge näherkam, fühlte sie eine unwiderstehliche Kraft, die sie zu diesem geheimnisvollen Mann hinzog. Sie ging weiter vorwärts, durch die Menge hindurch und merkte, dass sich einige Leute offensichtlich unangenehm berührt fühlten beim Anblick einer solchen Frau. Als sie in ihrer etwas unpassenden Kleidung vorbeiging, meinte sie, anklagendes Geflüster „Heuchlerin" zu hören; aber sie zwängte sich tapfer weiter durch die Schar der rauen Galiläer und fand schließlich ein freies Fleckchen, nicht weit von dem Rabbi entfernt, der gerade anfangen wollte zu sprechen.

Die Evangelien berichten, dass Christus Maria Magdalena von bösen Geistern befreit hat, aber sie sagen uns nicht, wie dies geschah. Auf der Grundlage des Zeugnisses anderer, die durch Christus von bösen Geistern befreit wurden, können wir versuchen, uns die erste Begegnung Marias mit ihm vorzustellen. Zuerst erhaschte sie einen Blick auf sein Gesicht, als er in ihre Richtung blickte. In diesem kurzen Moment des Blickkontaktes mit dem Messias begann für Maria Magdalena das ewige Leben. Ihr Herz erlebte etwas, was es vorher nicht gekannt hatte. Als sein durchdringender Blick kurz auf ihr ruhte, erfasste ein heiliges Gefühl der Ehrfurcht ihre Seele; für einen Augenblick war sie von Ehrfurcht ergriffen. Als er dann zu sprechen begann, blickte er ihr immer wieder direkt in die Augen und er schien durch diese hindurch bis in die

Tiefe ihrer Seele zu schauen. Noch nie hatte ein Mann sie so angesehen. In seinem Blick gab es nichts, was sie verunsicherte. Jeder Mann, den sie kannte, sah sie entweder so an, dass sie sich wertlos fühlte, oder er sah sie an, als sei sie ein Objekt, nach dessen Besitz er sich verzweifelt sehnte –, aber in diesen Augen lag etwas anderes. Obwohl sie sich unwürdig fühlte, in seine Augen zu schauen, konnte sie sich doch nicht abwenden. Sein Blick erinnerte sie an ihren Vater, daran, wie er sie immer angesehen hatte, wenn er sie in seinen Armen trug und ihr sagte, wie kostbar sie sei. Es war der reinste Blick eines Vaters in die Augen seines kleinen Mädchens und sie fühlte sich dadurch sicher. Es war, als wenn die Anwesenheit dieses Mannes sie wieder zu einem Kind machen und ihr etwas zurückgeben würde, das sie vor langer Zeit verloren hatte. Später sagte sie, es sei gewesen, als ob sie von Gott selbst angeschaut würde, und doch war dies wirklich ein richtiger Mensch, den sie vor ihren Augen sah. Mit jedem Wort, das er sprach, ergoss sich Frieden wie eine Quelle des Lichts in ihren Geist.

Freilassung der Gefangenen

Als sich ihre Seele nun mehr und mehr dazu hingezogen fühlte, jenes geistliche Licht zu umarmen, das den Gottesmann umgab, wurde sie sich plötzlich einer anderen, gegenläufigen Bewegung bewusst, die sie davon zurückhielt. Eine Dunkelheit aus ihrem tiefsten Inneren versuchte, das Licht zu verschlingen, das sie anzog. Beunruhigende Gedanken brachten das Angst- und Panikgefühl zurück, das sie zuvor schon erlebt hatte, und eine innere Verwirrung begann, den Klang der Stimme des Lehrers zu überlagern. Dieses innere Getöse wurde allmählich zu einer

Kakophonie mehrerer hässlicher Stimmen, die eins waren mit ihrer eigenen inneren Stimme, mit ihren eigenen Gedanken, und die sie doch hasste. Es fühlte sich an, als sei sie von irgendeinem Feind in ihrem tiefsten Inneren eingesperrt.

Mit diesen Gedanken flutete auch die Erinnerung an ihre Sünden zurück und gegen ihren eigenen Willen klagte sie sich der Schwere ihrer Schuld an und der völligen Unmöglichkeit, jemals Gottes Vergebung zu finden. Ein Strom trauriger und erbärmlicher Bilder von schändlichen Dingen, die sie getan hatte, raste durch ihren Geist und verursachte eine gewaltige Welle der Verzweiflung, die ihr ganzes Wesen erfasste. Dieses schreckliche Gefühl kannte sie bereits aus der Vergangenheit, vor allem kurz vor jenen dunkelsten Momenten, in denen ihr Leben in die tiefsten Tiefen zu sinken schien. Eine schmerzliche Last von Schuld, zu schwer, um sie tragen zu können, entmutigte sie so sehr, dass sie sich wie gelähmt fühlte, so als ob ihre Freiheit verschwunden wäre. In diesen Momenten war sie sich ganz sicher, dass sie zu weit gegangen war, um jemals Gottes Vergebung suchen oder zu ihrer Familie zurückkehren zu können. Nach dem Gesetz Gottes zu leben, war für sie nicht mehr möglich, und da sie nun mal verurteilt und aus dem Heiligen Volk Israel ausgestoßen war, könnte sie auch genauso gut so weiterleben, wie sie gelebt hatte.

In der Vergangenheit hatte diese Verzweiflung sie mit einem dunklen Verlangen nach totaler Selbstzerstörung zurückgelassen, aber dieses Mal war es anders. Obwohl diese Gedanken stärker waren als je zuvor, schien der Mann vor ihr noch stärker zu sein. Als sie auf ihn blickte, kehrte ein Funken Hoffnung zurück und nun schien seine zuvor sanfte Präsenz selbst zur Macht zu werden. Er war wie gesalbt mit der Macht des Allerhöchsten und sie fühlte sich aufgerufen, dieser seiner Macht zu vertrauen: zu vertrauen, dass er sie aus der inneren Finsternis rettet. Ihr ganzer Körper zitterte nun und war mit kaltem Schweiß bedeckt, aber sie raffte das letzte bisschen Kraft, das sie noch hatte, zusammen und wies diese innere Dunkelheit zurück, indem sie sich dafür entschied, ihr Vertrauen in das Licht zu setzen, das von Jesus kam. Als sie das tat, hörte das Zittern auf und es schien, als ob die Hoffnung, die von ihm ausging, die Verzweiflung in ihr fesselte und besiegte. Sie verstand nicht, was da gerade in ihrem Herzen geschah, aber sie wusste, dass aufgrund der Macht, die von diesem Mann ausging, alles gut werden würde; sie konnte es wagen, noch einmal zu hoffen. Der Glaube, so wusste sie, ist etwas, das sich auf Gott allein bezieht, aber sie spürte, dass sie irgendwie auch an diesen Mann Gottes glauben müsse. Mit dieser Eingebung begann der Friede in ihre Seele zurückzukehren.

Der Lehrer redete weiterhin zu der Menge, aber jetzt schien es, als ob er zu ihr allein spräche –, nicht zu ihrem Verstand, sondern bis in die tiefsten Tiefen ihres Herzens hinein. Er sprach nun von der Barmherzigkeit Gottes und davon, dass er gesandt worden sei, die Verlorenen zu suchen und zu retten; dass der Herr mit bevorzugter Liebe auf ein demütiges und zerknirschtes Herz blickt; dass Sünder es wagen können, sich dem Allerhöchsten zu nahen und gerechtfertigt nach Hause zurückzukehren. Seine Worte drangen in ihr Herz wie keine anderen, die sie je zuvor gehört hatte. Es war, als wenn seine Worte in ihr lebendig würden und für immer in ihr bleiben wollten; und als sie sie in ihrem Herzen willkommen hieß, begannen die anklagenden Gedanken zu verschwinden. Die Wahrheit dessen, was er sagte, konnte unmöglich angezweifelt oder ihr widerstanden werden. Es wäre jetzt leichter für sie gewesen, an ihrer eigenen Existenz zu zweifeln als an der Barmherzigkeit Gottes, und in ihr stiegen die Worte auf: „Herr, erbarme dich meiner, der Sünderin!“ Als sie diese Worte immer und immer wieder aufs Neue wiederholte, hob sich auf einmal das dunkle Schwergewicht, das fast so lange, wie sie zurückdenken konnte, ihren Geist zu erdrücken schien. Zum ersten Mal in ihrem Leben empfand sie wahre Freiheit, und das war etwas ganz anderes als die rücksichtslose Freiheit, die sie stolz zur Schau gestellt hatte, während sie in Wirklichkeit die ganze Zeit der Sünde versklavt war.

Die Ketten des Bösen, die ihr Herz gefesselt hatten, waren zerbrochen. Die Finsternis, die sie in sich selbst gefangen gehalten hatte, war verschwunden und sie erlebte nicht nur Freiheit, sondern auch reine Freude. Sie hatte das Gefühl, als würden die Worte des Rabbis sie reinigen, als würde seine bloße Anwesenheit sie wieder unschuldig machen, und nun strömte eine unerschütterliche Hoffnung auf Gott durch ihre Seele. Die Sonne war über ihrem Leben aufgegangen und es würde nie wieder Nacht sein. Bald würde sich die Menschenmenge auflösen, aber sie würde bleiben, wie an Ort und Stelle gebannt durch einen himmlischen Frieden. Die Stunden vergingen wie Minuten und ihre Seele ruhte weiter in der Liebe des Geistes Gottes. Als sich das ekstatische Erleben schließlich dem Ende zuneigte, öffnete sie die Augen und fand sich ganz allein. Nur ein einziger Gedanke erfüllte sie: den geheimnisvollen Mann Gottes wiederzufinden, sich an ihm festzuhalten und ihn nie mehr loszulassen.

Als sie schließlich aufstand und begann, das grüne galiläische Hügelland zu durchqueren in Richtung des Sees, der wie ein riesiger Spiegel für die Sonne aussieht, rann eine Träne aus ihrem Auge. Der himmlische Moment fing an zu verblassen und die Realität ihres Lebens rückte wieder in den Vordergrund. Sie war eine Sünderin. Sie hatte Dinge getan, dass der bloße Gedanke daran sie erröten ließ. Sie hatte Dinge getan, die sie jetzt nicht einmal mehr verstehen konnte. Warum hatte sie so schändlich gelebt?! Das alles kam ihr jetzt so unvernünftig und sinnlos vor. Es war, als wären diese Dinge irgendwie von einer anderen Person begangen worden, und sich daran zu erinnern, war wie ein Blick rückwärts in das Grab dieser Person, die nun tot und weg war. Eine neue Existenz hatte in dem Augenblick begonnen, als sie in diese geheimnisvollen Augen geschaut hatte. Diese Sünden gehörten zu ihr – und sie bedauerte jede einzelne von ihnen –, aber in gewisser Weise fühlte sie sich, als ob die Schuld daran nicht mehr zu ihr gehörte. Sie begann zu weinen, nicht etwa, weil sie sich schämte und wusste, dass sie für immer die Last ihres schlechten Rufes zu tragen hatte, sondern weil ihr klar wurde, dass Gott die ganze Zeit über da gewesen war.

Von dem Moment an, als sie das Gesicht dieses heiligen Mannes erblickte, wusste sie, dass der Gott, den er repräsentierte, gut war. Vorher hatte sie immer das Gefühl gehabt, dass der Schöpfer ein strenger Richter sei, an den sie sich nicht heranzutasten wagte, aber jetzt verstand sie wirklich die Worte des Psalms, den sie in ihrer Jugend so oft gehört, der sie aber immer irritiert hatte: „Der Herr ist gnädig und barmherzig, langmütig und reich an Gnade“ (Ps 145,8). Nun war die Wahrheit dieser Worte für sie so klar wie das Tageslicht. Sie weinte, weil sie irgendwie spürte, dass sie ihren guten Gott zum Weinen gebracht hatte. Als sie auf Magdala zuging und der Abend anbrach, liefen ihre Tränen immer noch, aber sie waren begleitet von der inneren Überzeugung, dass, egal, was sie getan hatte, der gute Gott ihr verzeihen und ihr eine zweite Chance im Leben geben würde. Sie war immer noch umhüllt von der barmherzigen Liebe des Herrn, die seine Gegenwart in die Welt zu tragen schien.

Die Eine, die viel geliebt hat

Diese imaginierte und undokumentierte erste Begegnung zwischen Magdalena und Christus lässt uns ihre erste Begegnung in den Evangelien besser verstehen, bei der Maria außerordentliche Dankbarkeit und Liebe Jesus gegenüber zeigt.

> Jesus ging in das Haus eines Pharisäers, der ihn zum Essen eingeladen hatte, und legte sich zu Tisch. Als nun eine Sünderin, die in der Stadt lebte, erfuhr, dass er im Haus des Pharisäers bei Tisch war, kam sie mit einem Alabastergefäß voll wohlriechendem Öl und trat von hinten an ihn heran. Dabei weinte sie und ihre Tränen fielen auf seine Füße. Sie trocknete seine Füße mit ihrem Haar, küsste sie und salbte sie mit dem Öl. Als der Pharisäer, der ihn eingeladen hatte, das sah, dachte er: „Wenn er wirklich ein Prophet wäre, müsste er wissen, was das für eine Frau ist, von der er sich berühren lässt; er wüsste, dass sie eine Sünderin ist" (Lk 7,36–39).

Könnte diese Frau Maria Magdalena sein, die gekommen ist, um dem Herrn dafür zu danken, dass er sie vom Bösen und von der Sünde befreit hat? Diese Interpretation würde erklären, warum der Herr seinem Gastgeber das Gleichnis von den beiden Schuldnern erzählt und hinzufügt: „Deshalb sage ich dir: Ihr sind ihre vielen Sünden vergeben, weil sie so viel Liebe gezeigt hat. Wem aber nur wenig vergeben wird, der zeigt auch nur wenig Liebe" (Lk 7,47). Handelt es sich bei dieser Perikope aber um eine Schilderung der allerersten Begegnung zwischen Jesus und Maria Magdalena, dann wäre es schwierig, dieser Aussage Christi und dem ungewöhnlichen Verhalten dieser Frau einen Sinn zu geben. Sie scheint bereits eine Art Befreiung erhalten zu haben, und die Absolution, die Jesus ihr hier erteilt, wirkt wie eine Bestätigung dessen, was bereits in ihrer Seele geschehen ist. Nach Lukas dient Maria Magdalena später zusammen mit den anderen Frauen dem Herrn aus Dankbarkeit dafür, dass sie von ihm befreit oder geheilt wurden, und in seinem Bericht über die Salbung im Haus des Pharisäers sehen wir die ersten Anzeichen dieser Dankbarkeit. André Feuillet kommt zu dem Schluss, dass es auf rein exegetischer Ebene sehr wahrscheinlich zu sein scheint, dass die erste Salbung nicht die erste Begegnung zwischen Jesus und der Sünderin ist.[24] Er stellt fest, dass die Frau eine tiefe Liebe zum Ausdruck bringt, die sich aus dieser Passage allein nicht erklärt.

Es ist wichtig, den Kontext zu beachten, den Lukas als Vorspiel zu der Salbung bietet. Er erklärt, dass die Pharisäer und die Schriftgelehrten sich dafür entschieden hatten, die Taufe des Johannes nicht zu empfangen. Auf diese Weise hatten sie den Plan Gottes für sich selbst verworfen und waren folglich unfähig, Jesus als Erlöser anzuerkennen (vgl. Lk 7,29–30). Warum lehnten sie die Taufe des Johannes ab? Es handelte

[24] André Feuillet, „Les Deux Onctions Faites sur Jésus, et Marie-Madeleine", *Revue Thomiste*, LXXV, 1975, S. 379.

sich um eine Bußtaufe, und um diese zu erhalten, hätten sie ihre eigene Sündhaftigkeit eingestehen und Seite an Seite mit Steuereintreibern und anderen öffentlichen Sündern im Wasser des Jordan untertauchen müssen. Weil sie sich nicht beugen konnten, um anzuerkennen, dass sie der Barmherzigkeit Gottes bedürfen, befinden sie sich jetzt in Opposition zum Erlöser. Wahrscheinlich ist dieser spezielle Pharisäer, obwohl er Jesus zu sich nach Hause eingeladen hat, auch nicht immun gegen die Blindheit gegenüber persönlicher Schuld vor Gott.

Lukas nutzt diesen Kontext, um Maria Magdalena einzuführen, die sich voll bewusst ist, wie sehr sie Barmherzigkeit braucht und deren Haltung das genaue Gegenteil jener des Pharisäers ist. Sie ist Christus so wohlgefällig, weil sie sich in ihrer Sündhaftigkeit einfach durch den Erlöser erlösen lässt. Jetzt nimmt Jesus ihr Verhalten zum Anlass, der Welt ein neues geistliches Prinzip zu geben:

> Da wandte sich Jesus an ihn und sagte: „Simon, ich möchte dir etwas sagen." Er erwiderte: „Sprich, Meister!" „Ein Geldverleiher hatte zwei Schuldner; der eine war ihm fünfhundert Denare schuldig, der andere fünfzig. Als sie ihre Schulden nicht bezahlen konnten, erließ er sie beiden. Wer von ihnen wird ihn nun mehr lieben?" Simon antwortete: „Ich nehme an, der, dem er mehr erlassen hat." Jesus sagte zu ihm: „Du hast recht." Dann wandte er sich der Frau zu und sagte zu Simon: „Siehst du diese Frau? Als ich in dein Haus kam, hast du mir kein Wasser zum Waschen der Füße gegeben; sie aber hat ihre Tränen über meinen Füßen vergossen und sie mit ihrem Haar abgetrocknet. Du hast mir keinen Kuss gegeben; sie aber hat mir, seit ich hier bin, unaufhörlich die Füße geküsst. Du hast mir nicht das Haar mit Öl gesalbt;

> sie aber hat mir mit ihrem wohlriechenden Öl die Füße gesalbt. Deshalb sage ich dir: Ihr sind ihre vielen Sünden vergeben, weil sie so viel Liebe gezeigt hat. Wem aber nur wenig vergeben wird, der zeigt auch nur wenig Liebe." Dann sagte er zu ihr: „Deine Sünden sind dir vergeben." Da dachten die anderen Gäste: „Wer ist das, dass er sogar Sünden vergibt?" Er aber sagte zu der Frau: „Dein Glaube hat dir geholfen. Geh in Frieden!" (Lk 7,40–50).

Auf diese Weise korrigiert Jesus unser Verständnis von der Beziehung zwischen Gott und Mensch. Im Gegensatz zu dem, was die Pharisäer denken mögen, können Sünder wirklich heilig werden! Tatsächlich könnten sie sogar einen Vorteil gegenüber scheinbar rechtschaffenen Schriftgelehrten oder Pharisäern haben. Nicht mehr der selbstgerechte Mensch, der sich rühmt, das Gesetz buchstabengetreu zu befolgen, ist es, der annehmen darf, dass er vor dem Herrn gerecht ist, sondern vielmehr derjenige, der weiß, dass er ein armer Sünder ist und Gottes Barmherzigkeit braucht. Allein diese Haltung macht uns fähig, Gnade zu empfangen. Zu glauben, dass man ohne die Hilfe Christi bereits die Heiligkeit erreicht hat, ist nicht nur eine Illusion, sondern eine gefährliche geistliche Krankheit, die sich als ewig tödlich erweisen kann. Wir brauchen nur eines, um das Heil in Christus zu empfangen: tief im Inneren zu wissen, dass wir es brauchen!

Sünder haben eine geistliche Sichtweise, die Pharisäern abgeht. Sie schauen auf Christus und ihre Demut befähigt sie, in ihm ihre einzige Hoffnung auf Erlösung zu erkennen. Der Pharisäer sieht bloß den Menschen Jesus, während das verlorene Schaf den Guten Hirten sieht! Das arme verlorene Schaf in diesem Abschnitt hat die Welt auf einen sicheren Zufluchtsort für Sünder hingewiesen, nämlich zu Füßen Jesu Christi. Die Kühnheit ihres Handelns lehrt uns, welches Vertrauen wir in die Barmherzigkeit Christi haben können. Jeder andere mag uns verachten, aber zu seinen Füßen werden wir immer willkommene Aufnahme, niemals Ablehnung finden. Der Herr, der kurz zuvor tief von Mitleid bewegt war, als er die Tränen einer Witwe sah, zeigt nun, dass er auch von den Reuetränen einer Sünderin bewegt ist. Er ist der „Freund der Sünder" (vgl. Lk 15,2), der kommt, um sie zu verteidigen, wenn sie vom Ankläger angegriffen werden, und die Freude seines Herzens besteht darin, sie glücklich zu machen, wenn sie die Worte hören: „Deine Sünden sind dir vergeben. Geh in Frieden!"

Sobald Sünder die Befreiung von ihrer Schuld erfahren haben, wird – der Logik des Gleichnisses Christi gemäß – die Dankbarkeit für die göttliche Barmherzigkeit in ihren Herzen ein Feuer der Liebe entfachen, welche das lauwarme Ritual eines Menschen, der seine Vergebungsbedürftigkeit nie wirklich erfahren hat, bei Weitem übertrifft. Marias Liebesbezeugung ist ein deutlicher Hinweis darauf, dass sie die liebende Barmherzigkeit des Herrn tief innerlich erfahren hat. Die Geschichte der Kirche ist voll von Beispielen großer Sünder, die – ähnlich wie sie – zu großen Heiligen wurden. Magdalenas Geschichte ist eine Quelle der Hoffnung für die Zerbrochenen und es ist sehr bedauerlich, dass die moderne Exegese so viele Menschen dieser Hoffnung beraubt hat. Wir Sünder wünschen uns konkrete Beweise dafür, dass wir wirklich heilig werden können, und die Lebensgeschichte dieser wunderbaren Frau gibt uns die biblische Gewissheit, dass wir nicht nur gerettet, sondern sogar zu den größten Freunden Christi im Himmel gezählt werden können.

Im neunzehnten Jahrhundert wurde einem berühmten französischen Dominikaner, dem seligen Jean-Joseph Lataste, der von schweren gesundheitlichen Problemen geplagt war, das Privileg gewährt, den Schädel der heiligen Maria Magdalena zu küssen. In dem Augenblick, als er dies tat, empfing er eine innere Einsicht über die Jungfrau Maria und Maria Magdalena, die er Seite an Seite am Fuß des Kreuzes stehen sah: Die Erste war die vollkommene Unschuld und die Zweite die vollkommene Reue. Er verstand, dass im Neuen Bund die größten Sünder die Macht haben, die größten Heiligen zu werden und zu den treuesten Jüngern Christi gezählt zu werden. In dem Moment, in dem Christus am meisten Freunde braucht, werden die Lauen nirgendwo zu sehen sein. Nur Unschuld oder tiefe Reue können bis zum Ende treu bleiben.[25]

Nachdem er diese großartige Einsicht erhalten hatte, verschwanden P. Latastes gesundheitliche Probleme und er begann, Frauen im Gefängnis zu besuchen, mit der Absicht, ihnen geistliche Einkehrtage anzubieten und sie direkt mit Jesus im Allerheiligsten Sakrament in Kontakt zu bringen. Er war so verblüfft über ihre Reaktion auf die eucharistische Anbetung und über die demütige Aufrichtigkeit ihrer Beichten, dass er beschloss, einen religiösen Orden namens „Bethanien" zu gründen, in den sie eintreten konnten, sobald sie entlassen wurden. Magdalena war nach ihrer Bekehrung von ihrer Familie in Bethanien mit offenen Armen empfangen worden und Lataste wollte eine geistliche Familie gründen, die die modernen Magdalenen, die von Christus während ihres Gefängnisaufenthalts gerettet worden waren, aufnehmen würde. Die Gemeinschaft der Dominikanerinnen von Bethanien

[25] *L'Année dominicaine* 1859–1860, S. 327.

war ein großer Erfolg und breitete sich in mehreren Ländern aus. Die ersten Gelübde wurden im Jahre 1868, am Fest der heiligen Maria Magdalena, abgelegt. Diese einst kriminellen Frauen, die von der Gesellschaft verachtet wurden, waren von Christus geliebt, und unter ihnen begannen schöne Blumen der Heiligkeit zu erblühen. Das sollte uns nicht überraschen, wenn wir bedenken, dass der erste Heilige des Neuen Bundes – kanonisiert von Jesus selbst, kurz bevor er auf Kalvaria starb – der gute Schächer war. Sein direkter Eintritt in den Himmel im Augenblick des Todes war ein Zeugnis für die verwandelnde Kraft des Blutes Christi und ein Zeichen der kommenden Dinge!

Reinheit, die rein macht

Simon, der Pharisäer, erkannte Maria Magdalena sofort als die wohlbekannte Sünderin; nach dem Gesetz des Mose genügte schon der bloße physische Kontakt mit einer solchen Person, um jemanden für eine gewisse Zeitspanne rituell unrein zu machen. Da Jesus derjenige war, an den sie sich gewandt hatte, erwartete Simon wahrscheinlich, dass der Herr diese unreine Frau von sich wegjagen würde; dann hätte der Pharisäer darauf bestehen können, dass sie sein Haus verlässt und nie wieder zurückkehrt. Wie schockiert war er, als er sah, dass Jesus sich von dieser Frau berühren ließ. Simon schloss daraus, dass Jesus kein Prophet sein konnte, denn ein wahrer Prophet hätte die spirituelle Sensibilität, um wahrzunehmen, was das für eine Frau war.

Hier und anderswo jedoch belehrt Jesus die Welt, dass es nicht der physische Kontakt mit einem sündigen Menschen ist, der einen vor Gott unrein macht, sondern vielmehr der Stolz und die Bosheit, die aus dem Herzen kommen. Er zeigt, dass das Urteil, das wir über Sünder fällen, nicht nur ungerecht, sondern sehr oft auch falsch ist. Wenn wir das zerbrochene Alabastergefäß zu seinen Füßen liegen sehen, werden wir daran erinnert, dass Jesus der gesalbte König Israels und der ganzen Schöpfung ist. Im Alten Testament musste ein König, wenn im Volk schwierige Rechtsfälle auftraten, das Urteil fällen und hier zeigt Jesus, dass er die Autorität hat, ein viel tiefergehendes Urteil zu fällen. Er wird einmal über das ewige Schicksal der Lebenden und der Toten richten und in dieser Szene zeigt er, dass sein göttlicher Blick eines Tages das Herz eines jeden Menschen durchdringen und enthüllen wird, wie jede Seele in Wahrheit vor Gott steht. Wenn die Evangelien verlässliche Texte sind, dann können wir uns auf große Überraschungen gefasst machen, wenn der Tag des Endgerichts die Wahrheit über die Herzen der Menschen aufdeckt. „Zöllner und Dirnen gelangen eher in das Reich Gottes" (Mt 21,31) als diejenigen, die vor der Welt und sich selbst rechtschaffen erscheinen mögen.

Der Herr erlaubte der Sünderin, sich ihm zu nähern, weil es genau dieser Kontakt mit der wirklichen leibhaftigen Gegenwart des fleischgewordenen Wortes ist, in dem wir geheiligt werden. Der Pharisäer, der nicht wirklich wusste, wer Christus war, und an die gewöhnlichen sündhaften Neigungen der Menschen dachte, konnte dies nur mit großem Argwohn beobachten. Wie der Pharisäer so haben auch einige Leute, die dieses Evangelium gelesen haben, die sich ihrer eigenen sündhaften Neigungen bewusst sind und die Christus nicht wirklich kennen, unterstellt, dass es zwischen Jesus und der Frau etwas Ungebührliches gegeben haben könnte. Daraus haben sich zahlreiche Theorien über eine fleischliche Beziehung zwischen dem Herrn und der heiligen Maria Magdalena entwickelt. Die Vertreter solcher Theorien haben eines gemeinsam: Sie verstehen nicht, dass Jesus Christus der menschgewordene Gott ist! Er ist der Heilige der Heiligen, reiner als die Engel an Leib und Seele, und die einzige Vermählung, die zu stiften er in die Welt gekommen ist, ist die zwischen Gott und der Menschheit. Die heilige Menschheit Christi war und ist die Quelle der Gnade und Reinheit für alle großen Heiligen, die aufgrund seiner vollkommenen Heiligkeit die Kraft erhielten, ein Leben frei vom Makel schwerer Sünde zu führen. Während des irdischen Lebens Christi versuchten seine Gegner verzweifelt, eine Sünde zu finden, die sie ihm vorwerfen konnten, aber alles, was ihnen einfiel, waren ein paar Verzerrungen bestimmter Aussagen, die er gemacht hatte. So makellos war sein Leben, dass zu seiner Zeit niemand geglaubt hätte, dass er irgendeiner gemeinen Sünde schuldig sein könnte. Wenn es den Menschen, die ihn vor zweitausend Jahren am meisten hassten, nie in den Sinn kam, ihn einer sexuellen Ungehörigkeit zu beschuldigen, so ist es töricht, dies heute zu tun.

Wann immer der Herr etwas Unreinem (oder was als solches angesehen wird) begegnet, überträgt er diesem seine ureigene Reinheit. So ließ er zu, dass die Frau mit anhaltendem Blutfluss sein Gewand berührte, und im selben Augenblick war sie von ihrem Leiden vollständig geheilt (Mk 5,28–30). Die Frau, die Christus auf diese Weise berührte, tat dies ohne seine Zustimmung, und sie muss entsetzt gewesen sein, als Jesus anhielt und fragte, wer das getan habe, denn sie wusste, dass sie ihn damit rituell unrein gemacht hatte. Sie hatte jedoch in Wirklichkeit das mosaische Gesetz nicht gebrochen, denn in dem

Augenblick, in dem sie ihn berührte, hörte ihre Blutung ja auf und Christus lobte ihre heilige Kühnheit und ihren Glauben. Jesus berührte auch den Leib eines Aussätzigen, was ihn normalerweise für den Gottesdienst rituell unrein gemacht haben würde; aber er zog sich auch in diesem legalistischen Sinne keine Unreinheit zu, denn in dem Moment, in dem er ihn berührte, war der Mann kein Aussätziger mehr. Er ging fort mit einem wieder vollkommen hergestellten Leib (Mk 1,40–45). Jesus berührte sogar einen toten Körper, vielleicht die rituell unreinste Handlung, die überhaupt möglich war, aber er zog sich keine Unreinheit zu, denn in dem Augenblick, in dem er den Leichnam berührte, war der junge Mann schon wieder am Leben (Lk 7,14–15).

Wenn die Sünderin im Lukasevangelium in physischen Kontakt mit Jesus kommt, dann wird ihre Sünde nicht auf ihn übertragen, vielmehr wird sie wieder heil. Ihre Seele, die tot war, erhebt sich zu einem neuen Leben der Heiligkeit. Sie fällt ihm als öffentliche Sünderin zu Füßen und sie erhebt sich als Prototyp all jener, die von der Sünde zur Heiligkeit übergehen. Während ihre Bußtränen die Füße Christi waschen, geht Kraft von seinem Herzen aus und die göttliche Gabe der Reue wäscht ihre Seele weißer als Schnee. Wahrheitsgemäß spricht er also die Worte aus: „Deine Sünden sind dir vergeben." Es ist nicht nötig, hinzuzufügen: „Geh und sündige nicht mehr" (vgl. Joh 8,11), denn diese Tochter Abrahams wurde durch Liebe erneuert. Ein großer Meister des geistlichen Lebens, Kardinal Pierre de Bérulle, pflegte zu sagen, dass es an ein Wunder grenze, was die Kraft der Worte Christi in der Seele Magdalenas vollbracht habe. Christus habe gewaltige Wunder gewirkt, damit die Menschen innehalten und staunen – und dann Wunder, damit die Engel sie betrachten. Das größte der ersten Art sei die Auferweckung des Lazarus, das größte der zweiten Art sei die Auferweckung der Seele Magdalenas.

Jesus sagt nichts ohne Grund und gleich zu Beginn der Bekehrung bezeichnet er Maria Magdalena als diejenige, „die viel geliebt hat". Kardinal de Bérulle stellt fest, dass sie an dem Punkt der Vollkommenheit beginnt, der für andere Seelen am Ende der Reise der Heiligkeit liegt.[26] Ihre Bekehrung ist umfassend und ihre Antwort auf die Gnade vollkommen. Sie geht vom Tod zum Leben in Fülle, von der Eitelkeit zur Wahrheit, von der Eigenliebe zur reinsten Christusliebe. Die Auferstehung und Verwandlung ihrer Seele wird zur Freude des Herzens Christi. Die alte Litanei zur heiligen Maria Magdalena, die noch immer bei der jährlichen Prozession ihrer Reliquien verwendet wird, preist die totale Verwandlung ihres Herzens mit schönen Bildern:

> Heilige Maria Magdalena, bitte für uns …
> Die du das Alabastergefäß mit wohlriechendem Öl getragen hast, bitte für uns.
> Die du aus dunklem Schlamm zu reinstem Kristall geworden bist, bitte für uns.
> Diamant, der vom Staub zum Licht übergeht, bitte für uns.
> Du, in ein Gefäß der Herrlichkeit Verwandelte, bitte für uns.
> Glänzende Perle, bitte für uns.
> Brennende Fackel für die ganze Welt, bitte für uns.
> Apostolin der Apostel, bitte für uns …
> Süße Fürsprecherin der Büßer, bitte für uns …

[26] Pierre de Bérulle, Élévation sur *Sainte Madeleine* (Paris: Éditions du Cerf, 1987, S. 44–55.

Wenn aus einer Seele sieben Dämonen ausgetrieben werden, versuchen sie normalerweise, irgendwann zurückzukehren, wobei jeder von ihnen sieben weitere, die noch schlimmer sind als er selbst, mit sich bringt (vgl. Mt 12,45) –, aber zu der reinen Seele Maria Magdalenas zurückzukehren, das wagen sie nicht. Warum nicht? Weil jetzt in ihrem Herzen zu viel Liebe ist, als dass das Böse wieder darin wohnen könnte. Die Christusliebe in ihrer Seele ist selbst ein unaufhörlicher Exorzismus, und heute noch sind ihre Gebeine bekannt dafür, Seelen zu befreien, die durch die Anhänglichkeit an die Sünde gebunden sind. Im Mittelalter galt sie als das biblische Vorbild vollkommener Reue, einer seltenen Gnade, bei der die Seele im Nu gereinigt und wiederhergestellt wird und keine Sühne für die Vergangenheit zu leisten ist. Die Reinheit einer solchen Reue, die vom Heiligen Geist geschenkt wird, ist vollkommen, denn sie gründet auf der Liebe zu Gott allein und diese Liebe zu Gott im Herzen Magdalenas war keine nur vorübergehende Wirklichkeit: Ein Feuer wurde in ihr entfacht, als sie Jesus Christus zum ersten Mal begegnete, und nichts würde dieses heilige Feuer, nachdem es erst einmal zu brennen begonnen hatte, jemals löschen können.

Der heilige Kardinal John Henry Newman, der fest an die Identifikationstheorie glaubte, preist Magdalena, die „Königin der Büßerinnen", als eine, die die leidenschaftlichste Form der Liebe zu Christus zeigt. Er merkt dazu an, dass die Liebe der lebenslang treuen Seelen oft ruhiger und gedämpfter ist, die Liebe der Bekehrten jedoch eine lodernde Flamme, die ihre Herzen verzehrt und überspringt in eifrigste Akte der Hingabe. Wo die göttliche Barmherzigkeit im Leben einer Seele reichlich vorhanden ist, wird auch die dankbare Liebe in entsprechendem Maße vorhanden sein. Büßer werden oft gegen den Geist der Welt, der sie einst gefangen hielt, in den Krieg ziehen und sich mit einer glühenden und ungestümen Liebe an ihren Erlöser klammern. Der heilige Kardinal Newman lobt die großmütige Seele Maria Magdalenas und was in ihr geschah, nachdem sie die Füße Jesu mit ihren Tränen gewaschen und sich wieder erhoben hatte:

> Fortan, meine Brüder, war die Liebe für sie, wie für den heiligen Augustinus und danach für den heiligen Ignatius von Loyola (große Büßer zu ihrer Zeit), wie eine Wunde in der Seele, so voller Sehnsucht, dass sie zur Qual wurde. Sie konnte nicht mehr außerhalb der Gegenwart Dessen leben, in dem ihre ganze Freude lag: Ihr Geist schmachtete nach Ihm, wenn sie Ihm nicht sah, und verharrte bei Ihm schweigend, ehrfürchtig, andächtig, wenn sie in Seiner glückseligen Gegenwart war. Wir lesen von ihr, wie sie einmal zu Seinen Füßen saß und Seinen Worten zuhörte; und Er bezeugte ihr, dass sie den besten Teil gewählt hatte, der ihr nicht genommen werden sollte. Und nach Seiner Auferstehung hat sie es durch ihre Beharrlichkeit verdient, Ihn noch vor den Aposteln zu sehen.[27]

---

[27] John Henry Newman, „Purity and Love", quoted in *The Treasury of Catholic Wisdom*, John Hardon SJ (San Francisco: Ignatius Press, 1995), S. 551.

„Dein Glaube hat dich gerettet!“

Jesus schaut in Liebe auf diese arme, verachtete Sünderin und sagt ihr, dass es ihr Glaube an ihn ist, der sie gerettet hat. Wir könnten diese tröstenden Worte Christi auch übersetzen mit „Dein Glaube hat dich geheilt“ oder „Dein Glaube hat dich gesund gemacht“ oder sogar „Dein Glaube hat dich in Sicherheit gebracht“. Wie auch immer man es übersetzen will, die Betonung liegt auf der inneren Disposition der Sünderin. Jesus selbst hat sie gerettet, aber er verkündet, dass es vor allem wirklich ihr Glaube an ihn ist, der sie gerettet hat. Vorher hatte sie die Intuition, ihren Glauben und ihr Vertrauen in diesen Mann Gottes zu setzen, und jetzt bestätigt Jesus, dessen Blick in die Tiefen des Geistes schaut, dass ihre innere Reaktion auf diese Intuition sie gerettet und wieder heil gemacht hat. Sie ist durch ihren Glauben und ihr Vertrauen auf Christus „in Sicherheit gebracht“ und von aller spirituellen Bedrohung befreit worden.

Es ist wichtig, dass wir uns alle darüber im Klaren sind, dass wir die Gnade von Jesus im Verhältnis zu unserer inneren Empfänglichkeit erhalten. Im 8. Kapitel des Lukasevangeliums lesen wir, wie die Frau mit der Blutung, die das Gewand Jesu berührte, eine wunderbare Heilung erfuhr. Sofort drehte Christus sich um und fragte, wer ihn berührt habe. Petrus war verblüfft über die Frage und wies ihn zu Recht darauf hin, dass die ganze Menschenmenge ihn doch berühre. Aber es ist, als wollte Jesus sagen, dass zwar viele Menschen ihn berühren, aber jemand ihn wirklich „angerührt“ habe (Lk 8,45–47). Mit anderen Worten: Jemand hat ihn nicht bloß mit den Fingerspitzen berührt, sondern mit einem tiefen Glauben und diese Berührung hat Heilungsgnade aus dem Herzen Jesu freigesetzt. Wie einer der Kirchenväter darlegt, berührte die Frau

Christus zuerst mit ihrem Geist und dann mit ihren Händen.[28] In ähnlicher Weise empfängt auch Magdalena die Gnade der Heilung und Erlösung aufgrund ihrer inneren Haltung des Glaubens an Christus.

Bei der Feier der heiligen Messe können viele Menschen Christus in der heiligen Kommunion „berühren“, aber nur diejenigen, die mit einem tiefen Glauben an seine Realpräsenz kommen, werden die angebotenen Gnaden empfangen. Die innere Gesinnung des Herzens muss den Worten der Anbetung auf unseren Lippen entsprechen. Alle, die am eucharistischen Opfer teilnehmen, kommen wirklich in Kontakt mit Jesus, wie die Menschenmenge in Kafarnaum, aber nicht alle gehen geheiligt aus der Begegnung hervor. Ebenso werden wir, wenn wir uns Jesus im Bußsakrament nähern und um Vergebung bitten, reichere Gnaden der Verwandlung erhalten, wenn unsere Herzenshaltung ihm wohlgefällt. Es gibt nur einen Retter, aber er rettet uns nicht ohne die innere Mitwirkung unseres Geistes und Herzens.

Die Prophetin der Liebe

Die Liebesbekundung der Maria Magdalena mag ihren scharfsinnigen Zuschauern wie die etwas peinliche Geste einer geschmacklosen Frau erscheinen, die wenig Selbstbeherrschung hat und bei allem, was sie tut, zu Extremen neigt. Die Worte Jesu offenbaren jedoch, dass hier etwas viel Tieferes geschieht, und es eigentlich um den Beginn der prophetischen Berufung einer Heiligen geht.

[28] Thomas von Aquin, *Catena Aurea*, Lukas 8.

Ein Prophet ist jemand, durch den Gott zur Welt spricht. Manchmal sagt ein Prophet Worte, die von Gott kommen, und manchmal teilt er etwas durch inspirierte Gesten mit. Jeremia und Ezechiel sind wohlbekannt für ihre nonverbalen prophetischen Botschaften (Jer 27–28; Ez 4,1–3). Normalerweise kündigt diese Art von Prophetie entweder die Ankunft irgendeines für die Menschen überaus wichtigen Ereignisses an oder sie hat den Charakter einer Zurechtweisung für diejenigen, an die sie gerichtet ist. Ein Prophet wird die Menschen oft warnen und ihnen vor Augen halten müssen, wie sehr sie den Herrn beleidigt haben und was sie tun müssen, um ihr böses Verhalten zu korrigieren.

Später werden Marias Handlungen die Ankunft eines höchst erhabenen Ereignisses für die Welt ankündigen: den Tod und das Begräbnis Christi; aber in diesem speziellen Text sind ihre Gesten vom Heiligen Geist inspiriert worden, um den Pharisäer zu korrigieren und die Beleidigung wiedergutzumachen, die er Christus zugefügt hat: sein Versäumnis, den ehrwürdigsten Gast, den er je in seinem Haus empfangen konnte, gebührend willkommen zu heißen. Vielleicht wollte der Pharisäer nicht den Anschein erwecken, als sei er ein Jünger Jesu, dessen Wege – gelinde gesagt – unorthodox waren, und vielleicht war die Einladung, die er an Christus richtete, zum Teil durch den Wunsch motiviert, ihn in der Gesellschaft seiner Freunde zu prüfen. Wir können seine Motive nicht einschätzen, aber klar ist, dass er sich aus irgendeinem Grund entschlossen hatte, dem Herrn nicht die Zeichen des Respekts zu erweisen, die einem Ehrengast gebühren. Magdalena machte nicht nur die Beleidigung wieder gut und erfüllte, was der Pharisäer zu tun versäumt hatte, sondern sie tat dies auf eine weit schönere Art und Weise, als der Pharisäer es je hätte tun können.

Jesus vergleicht und kontrastiert das, was der Pharisäer hätte tun sollen, mit dem, was diese Frau tatsächlich tut: Er hätte Christus einfach Wasser aus dem Brunnen zur Reinigung der Füße anbieten sollen, ihre Liebe jedoch hat einen Strom von Tränen hervorgebracht, der seine Füße wäscht; er hätte Jesus an der Tür umarmen sollen, sie jedoch küsst unaufhörlich seine Füße (und das hier verwendete griechische Wort für „Kuss" ist ein Wort, das die tiefsten Gefühle der Liebe ausdrückt); er hätte das Haupt Jesu mit Öl salben sollen, sie jedoch ist noch weitergegangen und salbt seine Füße – und zwar nicht nur mit einfachem Öl, sondern mit „parfümiertem Öl", wie man diesen Ausdruck übersetzen kann. Alles, was sie tut, ist besser als alles, was der Pharisäer je hätte tun können, und so ist der göttlichen Würde vollkommene Wiedergutmachung geleistet worden.

Eine nonverbale Prophetie verlangt nach einer Deutung und hier gibt uns das Ewige Wort selbst eine solche. Er sieht die Frau an, um die Aufmerksamkeit aller auf ihre Gesten zu lenken, und richtet sein Wort an den Pharisäer, wobei er sie allen Anwesenden als Beispiel der Liebe vorhält (Lk 7,44). Wenn diese auch auf sie herabschauen wie auf eine in den Augen der Menschen Gedemütigte: In den Augen des Herrn ist sie nun hoch erhoben. Wir werden sehen, dass dies nicht das letzte Mal ist, dass Marias prophetische Liebe aufgerufen wird, die Sünden anderer wiedergutzumachen und tiefe geheimnisvolle Wahrheiten zu verkünden. Liebe spricht ihre eigene Sprache und hier hat die biblische „Prophetin der Liebe" mutig verkündet, welchen Respekt und welche Dankbarkeit man in der

Gegenwart des Messias haben sollte. Außerdem sind ihre Gesten der Liebe so außergewöhnlich, dass es scheint, als hätte sie so etwas wie eine Intuition für die Göttlichkeit Christi. Sie wird wohl kaum die Lehre von seiner Göttlichkeit intellektuell schon verstanden haben, aber ihr Herz hat erkannt, dass dieser Mann einer Ehre würdig ist, die kein anderer Mensch, auch nicht der Heiligste unter den Menschen, jemals verdienen könnte; deshalb erweist sie ihm instinktiv eine gewisse Form von Anbetung. Als er ihr in die Augen schaute, wusste sie, dass dies nicht der Blick eines gewöhnlichen Sterblichen war, und ihr Herz konnte sich nicht zurückhalten, ihm jene Anbetung darzubringen, die Gott allein gebührt!

Wenn doch nur alle Herzen dem Heiligen Geist gegenüber so fügsam wären wie dieses demütige, zerknirschte Herz. Lange vor fast allen anderen Personen in den Evangelien wird die Prophetin der Liebe zu einer glühenden Anbeterin, und zumindest durch ihre Gesten verkündet sie, dass Jesus göttlich ist. Noch eine weitere nonverbale Lehre gibt uns ihr Beispiel: Der Herr ist unendlich barmherzig. Und durch ihr Vertrauen – da sie es wagt, sich seiner heiligen Gegenwart zu nähern – gibt sie denen Hoffnung, die ihrer Sünden wegen in Versuchung sind, zu verzweifeln. Hingestreckt zu seinen Füßen, verkündet Magdalena uns allen: „Habt keine Angst. Im Herzen Christi ist nichts als Liebe!"

Von der Büßerin zur Wohltäterin

Maria Magdalena gehört zu jenen Heiligen, die allen Christen etwas zu sagen haben, denn sie ist ein Vorbild für uns alle, unabhängig von unserer je eigenen Berufung. Einmal ist sie die reuige Sünderin, ein andermal die vollkommene Kontemplative, diejenige, „die viel liebt". Einmal ist sie eine Apostolin, die losrennt, um die Frohe Botschaft zu verkünden, ein andermal ist sie nur die Trauernde mit gebrochenem Herzen. Wie auch immer unser Leben aussehen mag oder was auch immer wir gerade durchmachen: Diese Heilige hat uns etwas zu sagen. Ihre Persönlichkeit ist vielseitig und zeichnet sich aus durch die seltene, aber vortreffliche Mischung aus Zurückhaltung und Kühnheit, einer Fähigkeit zu tiefer Vertrautheit mit dem Herrn und intensiver Aktivität in seinem Dienst. Bestimmte Seelen übersteigen all unsere psychologischen Kategorien und unsere engen Sichtweisen, insbesondere wenn solche Seelen durch göttliche Gnade verwandelt worden sind. Wir haben schon hochgradigste Extrovertierte kennengelernt, die als vorbildliche Kontemplative in Klausurklöstern leben, und andererseits offensichtlich schüchterne Charaktere, die zu kraftvollen Predigern „explodieren", sobald die Kirche ihnen einen entsprechenden Auftrag erteilt. Gnade baut auf der menschlichen Natur auf –, erhebt und verwandelt sie aber auch.

Magdalena ist nicht nur der Prototyp der Kontemplativen, Bekehrten und Büßer, sondern auch der Prototyp der Laien, deren Freigebigkeit es der Kirche im Laufe der Jahrhunderte ermöglicht hat, große Dinge zu tun. Nachdem zum Beispiel die französische Regierung während der Schreckensherrschaft den gesamten Kirchenbesitz geplündert hatte, war es der außerordentlichen Großzügigkeit einer Laiin zu verdanken, dass

Pater Henri Lacordaire den Besitz der Dominikaner von Saint Maximin zurückkaufen und den Orden dorthin zurückholen konnte, sodass die Dominikaner wieder ihre Mission, die der Papst ihnen dort bei der Basilika und der Grotte von La Sainte-Baume übertragen hatte, erfüllen konnten. Wer weiß, was ohne diese Großzügigkeit aus den heiligen Stätten geworden wäre, ganz zu schweigen von all den Menschen, die dort die Gnade der Bekehrung oder des Wachstums auf dem Weg der Heiligkeit empfangen haben.

Kurz nach ihrer Bekehrung merkte Maria Magdalena, dass Jesus Christus nicht einmal eine einzige Silbermünze besaß. Einmal musste er sogar, da er keine Münze fand, um die Tempelsteuer bezahlen zu können, auf das Maul eines Fisches zurückgreifen (Mt 17,24–27). Er lebte wie die Vögel des Himmels in der Erwartung, dass sein himmlischer Vater hochherzige Seelen inspirieren würde, für seine Bedürfnisse zu sorgen. Maria fühlte sich berufen, eine dieser Seelen zu sein, und nachdem sie ihre alte Freundin Johanna mit Christus bekannt gemacht hatte, damit auch sie endlich wahre Freude finden konnte, sorgten sie gemeinsam dafür, dass es dem Herrn, der das Licht der Welt ist, nie an etwas mangeln würde:

> In der folgenden Zeit wanderte er von Stadt zu Stadt und von Dorf zu Dorf und verkündete das Evangelium vom Reich Gottes. Die Zwölf begleiteten ihn, außerdem einige Frauen, die er von bösen Geistern und von Krankheiten geheilt hatte: Maria, welche Magdalene heißt, aus der sieben Dämonen ausgefahren waren, Johanna, die Frau des Chuzas, eines Beamten des Herodes, Susanna und viele andere. Sie alle unterstützten Jesus und die Jünger mit ihrem Vermögen (Lk 8,1–3).

3

Das vollkommene Bild der neuen Eva

Eines der eindrücklichsten Ereignisse im Leben von Maria Magdalena war der Augenblick, als sie zum ersten Mal das Antlitz Jesu Christi erblickte, aber es gab noch einen weiteren unvergesslichen Moment, der sich in ihr Gedächtnis einbrannte: der Moment, als Jesus sie zum ersten Mal seiner eigenen Mutter vorstellte, die auch Maria hieß. Bei Magdalenas spirituellem Feingefühl können wir ein wenig erahnen: Wie schön muss ihr die Mutter Jesu erschienen sein! Sie war die fleischgewordene Sanftmut. Diese Frau war einfach wunderbar, schön in jeder Hinsicht und ihre Augen waren von Licht erfüllt, wie die unschuldigen Augen eines Kindes. Sie tat nichts, um Aufmerksamkeit auf sich zu lenken. Sie glich einem kostbaren Juwel, geschaffen, um von Gott allein bewundert zu werden.

Die Frauen, die Magdalena am Hof des Herodes kennengelernt hatte, waren auch schön, gehörten zu den körperlich schönsten, die man finden konnte – und doch: Gerade in ihrem Wunsch, schön zu erscheinen, um von anderen bewundert zu werden, verloren sie in Wirklichkeit etwas von ihrer eigentlichen Schönheit. Sie wollten wie Göttinnen sein, auf ein Podest gestellt, um angebetet zu werden. Sobald eine andere, noch schönere Frau auf der Bildfläche erschien, würden sie ihr das übelnehmen und sie in ihrem Herzen verachten. Magdalena konnte nun erkennen, dass Eitelkeit tatsächlich wahre Schönheit verdirbt und nichts als Boshaftigkeit und Eifersucht verursacht. Bei der Mutter Jesu hingegen war es so: Ihr Nicht-nach-Bewunderung-Trachten machte sie sogar noch schöner.

Was für ein seltenes und entzückendes Geschöpf Maria war! Ihre Schönheit kam aus dem tiefsten Inneren ihrer Seele; es war die Schönheit der Liebe. Magdalena schaute sie an und weinte darüber, dass sie ihre Unschuld weggeworfen hatte. Doch die Gegenwart der Mutter entmutigte sie nie, sondern brachte ein tiefes Gefühl der Hoffnung mit sich. In ihrer Gesellschaft empfand sie sich nie wie verurteilt, sondern vielmehr geliebt, geachtet und verstanden. Sie wollte jetzt nichts anderes mehr, als so zu werden wie diese Frau, die mit dem Licht der Heiligkeit bekleidet war und die ihr letztendlich gezeigt hatte, was weibliche Schönheit wirklich ist. Sie schätzte jede Minute, die sie in der Gegenwart dieser mystischen Rose verbringen durfte, deren warmes und einladendes Herz nichts als Liebe zu enthalten schien. Nichts Hässliches oder Unaufrichtiges war in ihr und Magdalena konnte diese von Gnade erfüllte Frau nur bewundern!

Jesus, der Herr, gab Maria Magdalena das einzigartige Privileg, viel Zeit in der Gesellschaft seiner Mutter zu verbringen, und deshalb finden wir sie auch zusammen am Fuße des Kreuzes (Joh 19,25). Jesus wollte, dass Magdalena viele Dinge aus dem Verhalten und den Worten seiner Mutter lerne. Es war, als wolle er ein Spiegelbild seiner eigenen lieben Mutter in ihrer Seele sehen. Die Zeit, die sie in der Gegenwart dieser Frau verbrachte, hatte eine tiefe Wirkung auf Magdalena, und nach und nach wurde sie ihr tatsächlich immer ähnlicher. Ihr Leben war einst ein einziger Schiffbruch gewesen, wegen der alten Sünde Evas, aber nun war sie auserwählt, als erste Frau in der Geschichte dem Bild der Neuen Eva nachgebildet zu werden.

Die charakteristische Haltung, die wir im Leben der seligen Jungfrau Maria bewundern, ist ihre Aufmerksamkeit Jesus Christus gegenüber. Sie bewahrt und bewegt ständig in ihrem Herzen, was Jesus sagt oder tut (vgl. Lk 2,51). In der Heiligen Schrift sehen wir sie bereits betend betrachten, was später für uns die freudenreichen Geheimnisse des Rosenkranzes werden sollten. Gott offenbart sich der Welt in der Person Jesu Christi, aber es gibt nur wenige Seelen, die empfänglich sind für diese Offenbarung, die dem Worte Gottes die gebührende Aufmerksamkeit schenken. Unsere Liebe Frau tat dies auf vollkommene Weise im Namen der ganzen Menschheit. Es ist kein Wunder, dass wir, wenn wir Maria Magdalena beim nächsten Mal in den Evangelien begegnen, beobachten können, dass sie ein Geheimnis von der Mutter Jesu gelernt hat. Sie hat gelernt, was Jesus am meisten gefällt, nämlich Seelen, die ihm und jedem Wort, das aus seinem Mund kommt Aufmerksamkeit schenken. Der heilige Thomas von Aquin schrieb einmal, das, was Jesus an Johannes, dem geliebten Jünger, am meisten liebte, sei der Scharfblick seines Geistes, die Tatsache, dass er auf das hörte, was Jesus lehrte, und dann betend darüber betrachtete, um in seine Tiefen vorzudringen.[29] Diese meditative, für geliebte Jünger so charakteristische Haltung, wurde erstmals in höchster Vollendung von der seligen Jungfrau Maria im heiligen Haus von Nazareth gelebt. Dieselbe marianische Haltung werden wir bald im Herzen der heiligen Maria Magdalena finden.

Bei der nächsten Perikope, in der wir die Heilige betrachten können, befinden wir uns in den letzten sechs Monaten des irdischen Lebens Christi, irgendwo zwischen dem Laubhüttenfest und dem Tempelweihfest, wahrscheinlich gegen Ende November.[30] Es ist etwa anderthalb Jahre her, seit Maria Magdalena zum ersten Mal denjenigen erblickt hatte, der ihre Seele von den Toten auferwecken sollte. Im Laufe der letzten achtzehn Monate wurde sie von einer Kette von Ereignissen mitgerissen, die in der Geschichte der Menschheit bisher beispiellos war. Wenn sie auf dieses Abenteuer zurückblickte, das inzwischen zu ihrem täglichen Leben geworden war, konnte sie nur danken, dass sie hatte Dinge sehen dürfen, die sie sich vorher nicht einmal hätte vorstellen können. In ihrer Jugend hatte sie sich nach aufregenden Erfahrungen und nach der Flucht aus dem tristen Leben in Bethanien gesehnt, aber jetzt wusste sie, dass es auf dieser Welt nichts Aufregenderes gibt als die Gemeinschaft mit Jesus Christus. Nicht eine erregende

---

[29] Thomas von Aquin, Kommentar zum Johannes-Evangelium, Nr. 2639.

[30] Andres Fernandez SJ, *The Life of Christ* (Westminster, Md.: Newman Press, 1958), S. 71.

Spannung wie auf der Pferderennbahn war es, die er brachte, sondern etwas viel Tieferes und Mächtigeres. Diejenigen, die gelernt haben, Jesus Christus zu betrachten und anzubeten, dürsten nicht länger nach den eitlen Freuden der Welt (vgl. Joh 6,35).

Die intensive Periode der missionarischen Tätigkeit Christi, in die sie eingetreten war, begann sehr gut. Während der ersten neun oder zehn Monate, da sie ihn kannte, hatte Jesus die ganze galiläische Volksmenge durch seine Worte und Werke in seinen Bann gezogen. Sie hatte aufgehört mitzuzählen, wie viele Wunderheilungen sie mit eigenen Augen gesehen hatte. Die Söhne des Zebedäus hatten ihr auch von einigen anderen atemberaubenden Wundern erzählt, deren Zeuge sie gewesen waren, darunter das kleine Mädchen, das er vom Tod ins Leben zurückgebracht hatte (vgl. Mk 5,21–43). Mehr als einmal hatte Jesus Stürme auf dem See beruhigt, ganz zu schweigen von all den geistlichen Stürmen, die er beruhigt hatte, jene Stürme, die in den Seelen der Besessenen tobten (vgl. Mk 4,35–5,20; Mt 14,32). Abgesehen von einigen engstirnigen Pharisäern und Schriftgelehrten, die seine durchaus originellen Auslegungen einiger Punkte des Gesetzes kritisierten, waren in der Anfangszeit alle von dem Propheten aus Nazareth fasziniert. Die Scharen folgten ihm zu Hunderten und zeitweise zu Tausenden (vgl. Mk 6,31–44). Manchmal musste er sich irgendwo in die Einsamkeit zurückziehen, um eine Weile in Frieden beten zu können (vgl. Mk 1,45).

All diese Aufregung hatte ihren Höhepunkt erreicht, als er ein paar Brote und ein paar Fische nahm und damit Tausende von Menschen sättigte, die gekommen waren, um ihn predigen zu hören. Nach diesem spektakulären Ereignis ging die Menge dazu über, von ihm als einem großen Propheten zu sprechen, den sie zu ihrem König ausrufen wollten (vgl. Joh 6,14–15). Könnte dies nicht wirklich der lang erwartete „Spross aus dem Baumstumpf Isais" sein (Jes 11,1), der die Nationen regieren soll? Gott selbst schien seine Salbung durch die wunderbarsten Zeichen zu bestätigen. Es wurde vielen klar, dass er der erste Mensch in der Geschichte war, der all die verheißenen messianischen Zeichen und Wunder vollbrachte. Doch kaum war dies geschehen, erlitt die Popularität Jesu einen Rückschlag, und zwar als Folge einer ungewöhnlichen Predigt, in der davon sprach, dass man sein Fleisch essen und sein Blut trinken solle (vgl. Joh 6,22–71). Sogar einige seiner aufrichtigsten Jünger waren entsetzt und nach diesem verhängnisvollen Tag in der Synagoge von Kafarnaum begann der Enthusiasmus der Menschen in Galiläa zu schwinden.

Er hatte bis dahin so gut gesprochen, aber an diesem Tag hatte er Dinge gesagt, die viele nicht nur als schockierend, sondern als blasphemisch empfanden (vgl. Joh 6,60). Er sagte von sich selbst, er sei vom Himmel gekommen, um zu Brot zu werden, das man essen könne. Als man ihm Gelegenheit gab, seine Worte zu widerrufen oder zu präzisieren, bestand er darauf, dass dies eine Wahrheit sei, die man akzeptieren müsse, wenn man ewig leben wolle (vgl. Joh 6,53–54). Die Pharisäer nutzten die durch diese Predigt ausgelöste Verwirrung, um ihre eigene Theorie über Jesus von Nazareth zu verbreiten. Mit Hilfe einiger Schriftgelehrter aus Jerusalem hatten sie bereits damit begonnen, die Auffassung unter das Volk zu bringen, dass Jesus nicht der Messias, sondern von einem bösen Geist besessen sei (vgl. Lk 11,15; Mk 3,22). In einer Anschuldigung, die Magdalenas Herz zutiefst betrübte, streuten sie nun das

Gerücht in ganz Galiläa aus, er wirke Wunder, um die Menschen zu täuschen und glauben zu machen, er sei der Messias. Sie unterstellten ihm, er wolle das Gesetz des Mose ändern, die götzendienerische Anbetung seiner selbst zulassen und als Spitze des Ärgernisses etwas für jüdisches Denken ganz und gar Verabscheuungswürdiges praktizieren: sein Lebensblut trinken lassen (vgl. Gen 9,4). Sie wiesen das Volk darauf hin, dass nur Gott das Recht habe, solche Dinge über sich selbst zu sagen und dass nur er die Autorität habe, das mosaische Gesetz neu auszulegen. Er war sogar so weit gegangen, etwas zu sagen, was sich vorher noch niemand zu sagen erkühnt hatte: dass er Sünden vergeben könne (vgl. Mk 2,10). Bei Aussagen dieser Art konnten nur zwei logische Schlussfolgerungen gezogen werden: Entweder war er irgendwie göttlicher Natur oder er war ein Hochstapler. Die Armen im Geiste entschieden sich ausnahmslos dafür, an Ersteres zu glauben, während die Pharisäer sich für Letzteres entschieden und die noch Schwankenden mit sich zogen.

In den acht oder neun Monaten, die seit dieser geheimnisvollen und entscheidenden Predigt über das „lebendige Brot“ in Kafarnaum vergangen waren, hatte Jesus in Galiläa viel an Sympathien verloren. Ganz gleich, welche Zeichen er auch tat: Viele Menschen in Kafarnaum, Chorazim und Betlsaida standen ihm mit großem Misstrauen gegenüber, so als sei er eine potenzielle Gefahr für sie und ihre Lieben. Je mehr Zeit verging, desto mehr vergifteten die Pharisäer die Gemuter mit Drohungen, sie würden Fluch auf sich laden, wenn sie ihr Vertrauen auf Jesus setzten. Jesus nachzufolgen, so warnten sie, bedeute, aus der Sicherheit des Bundes auszubrechen und aus der Synagoge ausgestoßen zu werden (vgl. Joh 9,22). Der Ausschluss aus der Synagoge aber war für einen Juden so etwas wie die Hölle auf Erden; und mit solchen Drohungen und anderen subtilen Taktiken gelang es den religiösen Autoritäten, viele Menschen von Christus wegzutreiben.

Wie um sich für eine Weile von dieser bedrückenden Atmosphäre zu befreien, verließ Jesus mit seinen Freunden Galiläa und ging in heidnische Gebiete, sogar bis nach Tyrus und Sidon (vgl. Mk 7,24). Ausgerechnet hier nahmen ihn viele Heiden mit mehr Respekt auf als sein eigenes Volk und er wiederholte für sie das Wunder der Brot- und Fischvermehrung (vgl. Mk 8,1–10). Jesus blieb jedoch nicht allzu lange fern von seiner geliebten Heimat. Zusammen mit seinen Jüngern kehrte er zurück, um eine weitere Tour intensiver missionarischer Tätigkeit zu unternehmen.

Ein Besuch in Jerusalem anlässlich des Laubhüttenfestes war voller Gefahren und Spannungen, die durch Gerüchte – verbreitet von Schriftgelehrten und Pharisäern – ausgelöst wurden (vgl. Joh 7,30–44). In Judäa waren die Menschen auf der Lauer: Sie passten genau auf, was Jesus sagte und was nach Ketzerei oder Blasphemie klingen könnte. Bald ließen sie ihn wissen, dass sie bereit wären, ihn für Aussagen, die die galiläischen Bauern aus Unwissenheit tolerieren könnten, mit dem Tod zu bestrafen (vgl. Joh 8,52–59). Nach Galiläa zurückgekehrt, fuhr Jesus fort, die demütigen Seelen, die ihn empfingen, mit Wohltaten zu segnen und Wunder für sie zu wirken; aber er richtete auch strenge Worte der Warnung an die Städte, in denen er die meisten Wunder getan hatte, die nun aber seiner Botschaft mit viel Verachtung und Argwohn begegneten (vgl. Lk 10,13–16). „Wem viel gegeben wurde, von dem wird viel zurückgefordert werden“ (Lk 12,48).

Magdalena musste immer wieder neu darüber staunen, wie sanft er zu den einzelnen Menschen war, aber wie entschieden er über die Sünde und ihre Folgen sprach. Er schien arme Sünder auf besondere Weise zu lieben, hatte aber keinerlei Toleranz der Sünde gegenüber. Seine Worte hatten die Macht, unerschütterliches Vertrauen in Gottes Barmherzigkeit zu vermitteln und gleichzeitig ein solches Gefühl der Ehrfurcht, dass man lieber sterben würde, als ihn jemals wieder zu beleidigen. Seine Persönlichkeit war unwiderstehlich anziehend, doch zuweilen gab seine Heiligkeit einem das Gefühl, seiner Nähe unwürdig zu sein (vgl. Lk 5,8). Die getreuen Jünger hingen mit der ganzen Liebe ihrer Herzen an ihm. Seine Gegenwart war zu ihrer einzigen wahren Freude geworden, doch angesichts gewisser Wunder, die er vollbrachte, spürten sie neben dem Staunen auch so etwas wie heilige Furcht (vgl. Mk 10,32). Die Wirkung seiner Anwesenheit auf das Herz war einfach nicht mit Worten zu beschreiben, so als wäre er eine Art unaussprechliches Geheimnis, das alle gewöhnlichen Begriffe übersteigt. Der Versuch, zu erklären, wie er wirklich war und wie man sich bei ihm fühlte, schien jenseits der Ausdrucksfähigkeit menschlicher Worte zu liegen.

Vielleicht lag es an der Ablehnung, die seine Botschaft nun von vielen Galiläern, insbesondere von den Autoritäten, erfuhr, dass der Herr die Entscheidung traf, von dort weiterzuziehen und einige Zeit in Peräa, auf der anderen Seite des Jordan zu wirken, einer Gegend, die einige als das „Judäa jenseits des Jordans" bezeichneten (vgl. Mt 19,1). Die Apostel und einige andere Jünger begleiteten ihn, doch Magdalena wies er an, für eine Weile nach Hause, in ihre Heimat Bethanien zu gehen, damit ihre familiären Beziehungen nach den zurückliegenden spannungsreichen Jahren vollständig heilen könnten. Sie hatte ihren Bruder und ihre Schwester seit ihrer Bekehrung einige Male gesehen, war aber noch nicht wieder für längere Zeit in Bethanien gewesen. Nur ungern war sie bereit, längere Zeit fern von Jesus zu verbringen, vor allem jetzt, da er sich so nahe dem feindlichen Judäa aufhalten würde, wo sich echte Gefahren für sein Leben ergeben könnten. Es war ihr bereits zu Ohren gekommen, dass unter den Mächtigen in Jerusalem auf höchster Ebene darüber beraten wurde, eine Verschwörung zu planen, um ihn wegen Gotteslästerung hinrichten zu lassen (vgl. Mt 26,4).

So sehr sie es auch bedauerte, ihn zu diesem Zeitpunkt verlassen zu müssen, so wusste sie doch inzwischen, dass es nie klug ist, die Weisungen Christi in Frage zu stellen. Am Ende hatte sich die Weisheit dessen, was er für richtig hielt, immer wieder bestätigt. Als sich also alle auf den Weg zum Jordan machten, um nach Peräa hinüberzugehen, trennte sie sich von Jesus und der Jüngerschar und kehrte an den Ort zurück, an dem sie ihre Kindheit verbracht hatte. Mit offenen Armen wurde sie von Martha und Lazarus empfangen, die gespannt waren, alles zu erfahren, was sie in der Gegenwart des Herrn erlebt hatte. Beim Erzählen über die Ereignisse der vergangenen anderthalb Jahre weinte Magdalena viele Tränen der Liebe und nach ein paar Wochen zu Hause spürte sie, wie sehr sich ihr Herz nach der heiligen Gegenwart Christi sehnte.

So weit entfernt vom Herrn, fühlten sich die Wochen eher wie Monate an, aber schließlich kam der glückliche Tag: Auf ihrem Weg zum Laubhüttenfest nach Jerusalem machten Jesus und seine Jünger in Bethanien Halt, um ihre Freundin Maria und deren Familie zu besuchen. So glücklich Magdalena auch darüber war, wieder vollständig mit ihrer Familie versöhnt zu sein und eine Zeit lang in Frieden mit ihren Angehörigen verbringen zu können, so wurde sie doch inzwischen von dem brennenden Wunsch verzehrt, Jesus wiederzusehen. Andere Beziehungen können uns auf ihre Weise wohl glücklich machen, aber wer einmal die übernatürliche Freude einer Begegnung mit Jesus Christus wahrhaftig erlebt hat, für den ist jede Trennung von ihm eine Quelle inneren Schmerzes. Für die Seele eines Anbeters bzw. einer Anbeterin ist die wirkliche Gegenwart Christi wie ein Brunnen lebendigen Wassers in trockenem, dürrem Land. In der Zwischenzeit hatte Maria unaufhörlich darum gebetet, zu dem süßen Privileg, in der Gesellschaft des Herrn zu sein, zurückkehren zu dürfen. Ihre Gebete wurden erhört: Der überraschende Anblick Jesu vor der Eingangstür des Hauses ihrer Schwester war wirklich eine Augenweide! Folgendes ereignete sich während seines Aufenthalts in Marthas Haus:

> Als sie weiterwanderten, kam er in ein Dorf. Eine Frau namens Martha nahm ihn in ihr Haus auf. Sie hatte eine Schwester namens Maria. Diese setzte sich dem Herrn zu Füßen und lauschte seinen Worten. Martha aber war durch vielerlei Dienste beansprucht; sie trat hinzu und sagte: „Herr, kümmert es dich nicht, dass meine Schwester die Bedienung mir allein überlässt? Sag ihr doch, dass sie mir helfen soll!" Doch der Herr antwortete ihr und sprach: „Martha, Martha, du sorgst und beunruhigst dich um viele Dinge. Aber nur eines ist notwendig. Maria hat den guten Teil gewählt, der wird ihr nicht genommen werden" (Lk 10,38–42).

„Martha, Martha …"

In diesem Text scheint Martha eindeutig die Hausherrin zu sein, die Christus mit großer Gastfreundschaft empfängt und alles tun möchte, damit er sich wohl fühlt. Maria ist wieder einmal dort zu finden, wo wir sie schon in der Anfangszeit ihrer Bekehrung sahen: zu Füßen Christi. Dies ist ihr Lieblingsplatz auf Erden geworden und wir finden sie hier in der Heiligen Schrift immer wieder. Eines Tages werden wir wahrscheinlich entdecken, dass sie auch im Himmel noch dort sitzt: zu Füßen Christi! Dies ist der Platz, der ihre Demut und ihre Verehrung der wirklichen Gegenwart Jesu bekundet. Lukas berichtet uns, dass sie den Worten Christi aufmerksam lauschte, und ihre Körperhaltung bringt eine innere Haltung gelehrigen Gehorsams zum Ausdruck. Im Zentrum der jüdischen Spiritualität steht das gehorsame Hören auf die Gebote des Herrn und Maria verkörpert hier diese wunderbare Gesinnung. Die Tatsache, dass Lukas nicht ausdrücklich eine Gleichsetzung zwischen der in Galiläa bekehrten Sünderin und Marthas Schwester vornimmt, ist für viele ein Stolperstein bei der Akzeptanz der Identifikationstheorie. So geheimnisvoll dies auch sein mag, können wir doch feststellen, dass die Heilige Schrift oft verschiedene Namen für ein und dieselbe Person verwendet, ohne eine weitere Erklärung zur Identität der Person abzugeben. Beispielsweise hat die Tradition immer gesagt, dass Nathanael ein anderer Name für den Apostel Bartholomäus sei, was aber aus der Heiligen Schrift nicht eindeutig hervorgeht. Maria, die Frau des Klopas, wird zuweilen auch „Maria des Alphäus" und zuweilen „Maria die Mutter des Jakobus" genannt. Petrus wird oft „Simon" genannt, auch nachdem er seinen Berufungsnamen von Christus erhalten hatte. Auch wird uns kein Grund zur Erklärung gegeben, warum Matthäus von Markus und Lukas als „Levi“ bezeichnet wird. Sehr oft wird in verschiedenen Texten, die von derselben Person sprechen, versäumt, deren Identität zu verdeutlichen.

Es mag jedoch auch noch andere Gründe dafür geben, warum Maria nicht offen mit der einstigen Sünderin gleichgesetzt wird: Als der heilige Lukas sich anschickte, sein Evangelium zu schreiben, machte er sich auf die Suche nach Augenzeugenberichten über die Ereignisse im Leben Jesu Christi. Möglicherweise wusste er nicht alles über Marias Leben, sondern schrieb einfach Geschichten auf, die ihm von Menschen an verschiedenen Orten erzählt wurden. Eine in Galiläa lebende Person könnte demnach in Maria lediglich die ehemalige Sünderin gesehen haben, während Leute aus Judäa, die sie kannten, sie immer als die Schwester von Martha bezeichnet hätten. Es kann also sein, dass Lukas die Erzählungen über Maria Magdalena aus verschiedenen Quellen bezogen hat, wobei die Augenzeugen einfach die Begebenheiten erzählten und sich in ihren Erinnerungen auf Christus und seine Offenbarung konzentrierten und nicht auf die Namen anderer Persönlichkeiten. Die Evangelien sind aus ursprünglich mündlichen Überlieferungen entstanden, aus Erzählungen, die von einer Person an die nächste weitergegeben wurden, und hier ist eine berühmte Geschichte, die Lukas von jemandem hörte, der vielleicht nie Näheres über die beteiligten Personen wusste, der die Geschichte aber für wert hielt, sie im Gedächtnis zu bewahren und weiterzugeben.

Auch gab es in der antiken Welt die Sitte, den Ruf von ehemaligen Sündern zu schützen, solange sie noch am Leben waren. Ein Beispiel: Keines der synoptischen Evangelien teilt uns mit, dass es der heilige Petrus war, der die Straftat beging, dem hohepriesterlichen Knecht im Garten Gethsemani das Ohr abzuschlagen. Dies hätte nicht nur dafür gesorgt, Petrus in Jerusalem unbeliebt zu machen, sondern es war auch für den ersten Papst keine besonders angemessene Tat, die er da begangen hatte. Nur Johannes, der sein Evangelium erst nach dem Tod des Petrus schrieb, erzählt uns, wer der Täter war. Dieser Johannes ist es auch, der uns mitteilt, dass Maria von Bethanien es war, die Christi Füße gesalbt hat. Maria war sicherlich noch am Leben, als das Lukasevangelium geschrieben wurde, und der Evangelist könnte sich gescheut haben, die erste öffentliche Zeugin der Auferstehung bloßzustellen als eine Frau mit einst sehr schlechtem Ruf. In der Antike kritisierten bereits viele das Christentum dafür, Zeugnisse von Frauen so hoch zu bewerten; das Zeugnis einer **solchen** Frau wertzuschätzen, hätte der Glaubwürdigkeit der Botschaft noch mehr geschadet. Lukas mag für dieses Problem besonders sensibel gewesen sein, deshalb spielt er selbst in den Auferstehungsberichten die Rolle der Frauen herunter und widmet sich der Beschreibung der späteren Erscheinungen Christi vor den Männern.

Raymond Bruckberger bemerkt, dass die Synoptiker über die Familie von Bethanien in einer sehr ungewöhnlichen Weise schrieben. Man sprach mit einer geheimnisvollen Diskretion von ihnen, weil sie Christus so nahestanden und weil sie zwar von vielen geachtet, aber in Jerusalem auch sehr gehasst wurden, besonders nach der Auferweckung des Lazarus. Die Äußerungen der Synoptiker sind gewissermaßen verschleiert, etwa so, wie wir über Leute schreiben würden, die unter einem totalitären System leben müssen und sofortigen Repressalien ausgesetzt sein könnten, falls wir irgendetwas leichtfertig enthüllen.[31] Lukas schreibt ja noch zu Lebzeiten dieser verfolgten Familie, während Johannes, der später schreibt, nicht in dem gleichen Maß Vorsicht walten lassen muss, und daher etwas mehr preisgibt. Er allein erzählt uns genau, was in Bezug auf die Familie von Bethanien, und insbesondere Maria, in den letzten Monaten des Lebens Christi geschehen ist, während die synoptischen Evangelisten uns nur berichten, dass irgendeine anonyme Frau in Bethanien den Herrn gesalbt habe. Auf jeden Fall scheint das Johannesevangelium ein Gegengewicht zur Mehrdeutigkeit in Lukas' Darstellung dieser Frau zu bilden, deren Gesten so ungewöhnlich sind und die immer von Christus verteidigt wird. In dieser Szene lehrt sie uns noch einige wichtige Lektionen.

Ein ungeteiltes Herz

Manche Menschen werden von einem tiefen Verlangen, von einer überwältigenden Suche nach Liebe getrieben. Wenn die Tugend den Körper noch nicht zur Unterwerfung unter die Seele geführt hat, dann können solche Menschen in einem höchst frustrierten und ungeordneten Zustand enden. Sie suchen mit aller Kraft die absolute Liebe, finden sie aber auf Erden nie, bis sie Gott finden. Wenn sich solche Seelen von den weltlichen Dingen weg und in die geistliche Vereinigung mit Gott hineinziehen lassen, können sie zu den außergewöhnlichsten Kontemplativen heranreifen. Das leidenschaftliche Verlangen, mit dem sie einst in ungeordneter Weise an den Geschöpfen hingen, wird nun erhoben und gleichsam kanali-

[31] Raymond Léopold Bruckberger OP, *Marie Madeleine* (Paris: La Jeune Parque, 1953), S. 178.

siert, um in innigster mystischer Liebe allein auf Gott hin zu fließen. So verlief die spirituelle Reise des seligen Charles de Foucauld und des heiligen Augustinus.

Der Prototyp solcher Bekehrungen ist die heilige Maria Magdalena. Sie war eine Seele, geschaffen, um intensiv zu lieben; sie wurde von ihrem Herzen geleitet und von leidenschaftlichem Verlangen getrieben. In dem Augenblick, in dem sie die Liebe Gottes in der Person Christi entdeckte, wurde das verzehrende Verlangen ihres Herzens durch Gnade auf eine übernatürliche Ebene erhoben und fand schließlich das Ziel, für das es geschaffen worden war. Sie klammerte sich nun mit der ganzen Intensität ihrer liebenden Seele an Gott und manchmal drückte sich dieses Klammern instinktiv dadurch aus, dass sie sich leibhaftig an die Füße Christi schmiegte. Sie ist das Vorbild derer, die die Realpräsenz Jesu in der Welt entdecken und sich an ihn klammern als der einzigen Freude ihres Herzens. Magdalena wurde nicht nur die vollkommene Zölibatäre, die Gott mit einem ganz ungeteilten Herzen liebt, sondern auch die vollkommene kontemplative Anbeterin, beseelt allein von reinem, übernatürlichem Verlangen.

Christus hat seine Engel, die ihn in seiner unverhüllten Göttlichkeit im Himmel lieben, und auf Erden hat er seine „Engel", die ihn in seiner demütigen äußeren Erscheinung, die dieselbe Göttlichkeit verhüllt, lieben. Die himmlischen Seraphim – auf Hebräisch „die Brennenden" – haben keine andere Aufgabe, als den dreimalheiligen Gott zu lieben und anzubeten. In der von Lukas geschilderten Szene ist Magdalena wie so ein irdischer Seraph, verzehrt vom glühenden Wunsch nach der mystischen Vereinigung mit Gott allein. Nur in der Realpräsenz Christi kam ihre Seele zur Ruhe und im Haus ihrer Schwester konnte sie, ungeachtet all dessen, was noch getan werden musste, nichts anderes tun, als im Lichte seiner Gegenwart zu ruhen. Die Worte aus Psalm 73 wurden zu ihren eigenen: „Was habe ich im Himmel außer dir? Neben dir erfreut mich nichts auf der Erde“ (Ps 73,25).

„Kümmert es dich nicht?“

Wie amüsant ist die Direktheit der heiligen Martha im Umgang mit Christus. Ihre Worte hier zeigen uns etwas von ihrer Vertrautheit mit dem Herrn und damit verbunden auch die Bescheidenheit, mit der er seine göttliche Autorität und Heiligkeit ausgeübt haben muss. Manche Leute sind so geschäftig, dass es den Anschein hat, als ob sie sprechen, bevor sie denken. „Kümmert es dich nicht?“, ist nicht gerade die angemessene Art, wie man den Messias anspricht, den sie später dann auch „den Messias, den Sohn Gottes“ nennen wird (vgl. Joh 11,27); aber Martha weiß tief im Inneren, dass Jesus sanftmütig und von Herzen demütig ist. „Bist du nicht interessiert?“, wäre eine weitere gültige Übersetzung dieser etwas unverschämten Frage, die oft im menschlichen Herzen aufsteigt. Das Leben ist schwierig und es bringt alle möglichen Prüfungen mit sich, deren Ursache wir erst im Himmel erkennen werden und die nicht immer die Folgen unserer Sünden sind. Auch gute und unschuldige Menschen haben oft viele geheimnisvolle Leiden zu ertragen.

Der Teufel verleitet uns zu dem Gedanken, dass Gott uns im Stich lässt und sich nicht um unsere Probleme kümmert. Nur durch die Weisheit, die aus der Betrachtung des Kreuzes erwächst, lernen wir, wie unwahr dies ist. Manchmal jedoch stellen wir Gottes Fürsorge uns gegenüber auch dann in Frage, wenn unsere Probleme auf uns selbst zurückzuführen sind: auf unsere eigene Art zu denken und zu handeln. Manchmal könnten wir versucht sein zu denken, dass es dem Herrn gleichgültig ist, wie überlastet und gestresst wir durch die Sorgen des täglichen Lebens sind, während es in Wirklichkeit an unserer eigenen Haltung oder an der Wahl unserer Tätigkeiten liegt, dass der Friede aus unserem Herzen schwindet. Manchmal begegnen wir Menschen, die sich in komplizierte Situationen gebracht haben und seit vielen Jahren keine echte, persönliche Beziehung zu Christus pflegen. Wenn sie sich dann in einer Krise befinden, fragen sie oft, warum Gott dies zugelassen habe, aber die Wahrheit ist, dass die Krise das Produkt ihres eigenen freien Willens ist, den sie ausgelebt haben, ohne je an die Erfüllung des göttlichen Willens zu denken. Gott in seiner unendlichen Liebe ist immer um uns und unsere Leiden besorgt, aber er lässt uns frei handeln; und ohne ihn werden wir uns immer in schwierige Situationen bringen. Nur wenn wir den Willen Gottes tun, finden wir wahren inneren Frieden. Marthas innere Unruhe könnte zumindest teilweise selbst verschuldet sein.

Martha stellt Jesus nicht nur diese kühne und herausfordernde Frage, sondern sie sagt ihm auch, was er tun soll, nämlich Maria auffordern, ihr zu helfen. Martha war eine so gute Organisatorin, dass sie nicht zögerte, sogar Gott zu sagen, was er denken und tun solle. Jesus ist nicht verärgert, sondern antwortet ruhig: „Martha, Martha …“ Die Wiederholung ihres Namens lässt etwas von der Zuneigung erkennen, die er in seinem Herzen für diese liebenswerte Frau hegt –, auch wenn er sie noch zurechtweisen muss, weil sie die kontemplative Gabe angreift, die er ihrer Schwester schenkte.

Martha erwartete von Jesus, dass er ihre Schwester über die Tugend des Dienens belehren würde. Sie hatte Maria nie verstehen können, die immer so verantwortungslos und egozentrisch wirkte. Ihre Zeit hatte sie damit vergeudet, über heidnische Frauen von fragwürdigem Charakter zu lesen und all dieser unnütze Unsinn hatte ihren Geist so verdorben, dass ihr Leben völlig ruiniert war. Martha war immer stolz darauf gewesen, eine gute Tochter Israels zu sein: verantwortungsbewusst und tugendhaft, immer damit beschäftigt, Ordnung zu schaffen und Menschen in Not zu helfen. Es war ihr äußerst wichtig, die allerbeste Gastfreundschaft zu bieten, wann immer ein Gast eintraf. Sie war zwar sehr glücklich darüber, dass ihre Schwester endlich wieder auf den richtigen Weg zurückgekehrt war, aber sie hatte das Gefühl, dass es noch viele Jahre dauern würde, bis sie für die Familie von einigem Nutzen sein würde.

Übermäßig aktive Menschen denken nicht auf geistliche Weise und sind oft versucht, den Wert der Handlungen anderer nach dem augenscheinlichen Nutzen oder nach ihrer Produktivität zu beurteilen. Vielleicht dachte Martha bei sich, dass ein Wort in Jesu Ohr den Prozess der Wiedereingliederung Marias beschleunigen würde. Da der Meister der Einzige war, dem sie zuzuhören schien, könnte er Maria endlich lehren, nachdenklicher und gewissenhafter zu sein, so wie Martha selbst. Gewiss würde Maria nie eine gute Organisatorin sein, aber sie könnte zumindest von dieser Neigung befreit werden, ihre Zeit in Tagträumen zu vergeuden. – Wie überrascht muss Martha über die Reaktion Jesu gewesen sein! In diesem Augenblick wurde ihre Selbstgerechtigkeit erschüttert, und sie konnte beginnen, sich die Tugend der Demut anzueignen.

Maria hatte sie auf dem Weg zur Heiligkeit überholt; sie hatte den „besseren Teil" gewählt: die liebende Aufmerksamkeit auf Christus, und niemand hatte das Recht, ihr diese Gabe zu nehmen.

„Nur eines ist notwendig"

Unser Herr verstand Marias Seele und wusste, dass ihr Verhalten zwar den Eindruck erwecken konnte, sie sei faul oder gleichgültig den Bedürfnissen Marthas gegenüber, dass dies in Wirklichkeit aber nicht der Fall war. Vielmehr war sie so vollständig in das mystische Licht Christi und in die Tiefe seiner göttlichen Lehre versunken, dass sie fast alles andere vergaß. Maria dachte an nichts anderes als an das Privileg, wieder einmal in der Gegenwart des Meisters zu sein. Maria vernachlässigte ihre Schwester nicht absichtlich, sie war einfach zu beschäftigt, während sie innerlich verspürte, was später die Gerichtsdiener im Johannes-Evangelium laut aussprechen würden: „Noch nie hat ein Mensch so gesprochen" (Joh 7,46).

Wie bei den Jüngern auf dem Weg nach Emmaus brannte das Herz Magdalenas in ihr, wann immer Jesus sprach, und sie konnte sich nicht dazu durchringen, seine Gesellschaft widerstandslos zu verlassen. Jesus war ein wahres Wunder, und während er zugegen war, wollte sie nichts anderes tun, als ihn anschauen und jede einzelne Silbe voll Weisheit, die er sprach, aufnehmen. Jedes seiner Worte war es wert, auswendiggelernt und im Herzen bewahrt zu werden. Maria ist das Vorbild jener, deren privilegierte Berufung es ist, allein für die Kontemplation dieses Wortes zu leben; und wenn auch Marthas Bedürfnisse dringender erscheinen mögen, weiß ein Mensch mit geistlichem Durchblick, dass die kontemplative Berufung von höchster Wichtigkeit ist.

Der heilige Papst Gregor der Große sprach über diesen Text, um die Bedeutung der Kontemplation aufzuzeigen, die in diesem Leben beginnt und in alle Ewigkeit fortdauern wird.

> Die beiden Frauen bezeichnen die beiden Dimensionen des geistlichen Lebens. Martha steht für das aktive Leben, indem sie eifrig arbeitet, um Christus durch ihr Wirken zu ehren. Maria veranschaulicht das kontemplative Leben, indem sie aufmerksam dasitzt, um Christus zuzuhören und von ihm zu lernen. Wenn auch beide Beschäftigungen für das christliche Leben unerlässlich sind, ist letztere größer als erstere. Denn im Himmel wird das aktive Leben ein Ende haben, während das kontemplative Leben zur Vollendung gelangt.[32]

Der aktive Einsatz für die Evangelisation und die Rettung der Welt wird eines Tages zu Ende sein, aber die Kontemplation wird niemals von uns „genommen werden". Das ist himmlische Aktivität.

Manchen Menschen wird die Gnade geschenkt, zu verstehen, dass die Realpräsenz des fleischgewordenen Wortes unsere ständige Aufmerksamkeit verdient; und das ist so dringlich, wie Aktivität dringlich zu sein scheint – ja, noch dringlicher ist die Anbetung! Maria ist das Bild jener zukünftigen Glieder der Kirche, die die Wichtigkeit der ununterbrochenen eucharistischen Anbetung verstehen würden. Man könnte meinen, es sei besser, wenn sie Martha im Haushalt hilft, während

[32] Gregor der Große, *Moralia* 2,6.

Christus für eine Weile allein bleibt, aber sie hat keinen Zweifel daran, dass, wenn er wirklich da ist, ihm jemand zu Füßen liegen sollte.

Jesus deutet an, dass Maria das „eine Notwendige" entdeckt und frei für sich gewählt hat. Dies scheint ein Hinweis zu sein auf die eine Sache, die für jeden unverzichtbar oder wesentlich ist, nämlich den Herrn zu betrachten und zu lieben; aber das Wort ist geheimnisvoll und kann eine tiefere Bedeutung enthalten über das, was nötig ist, wenn Christus gegenwärtig ist.

Im Griechischen ist dieses Wort, das wir mit „notwendig" übersetzen, verwandt mit dem Wort für „fehlend" oder „mangelnd" und bezieht sich auf etwas, das wichtig, aber nicht vorhanden ist. Es kommt etwa fünfzigmal im Neuen Testament vor und fast jedes Mal im Zusammenhang mit irgendeiner Person, die etwas braucht, aber nicht hat. Die Realpräsenz des göttlichen Herrn in unseren Kirchen sollte niemals der Anbeter und Anbeterinnen entbehren müssen, denn die lebendige Gegenwart Gottes in der Welt muss geehrt und geachtet werden. Seine Gegenwart, die im Himmel ohne Unterlass angebetet wird, verlangt danach, auch auf Erden ohne Unterlass angebetet zu werden, doch seine Güte will uns nicht dazu zwingen. Er wartet darauf, dass wir diesen „guten Teil" aus Liebe wählen. Sehr häufig trifft heutzutage die reale Anwesenheit Christi in unseren Kirchen auf die reale Abwesenheit der Gläubigen; aber zum Glück gibt es immer ein paar Seelen, die das übernatürliche Gespür einer Maria Magdalena haben, dass irgendjemand Christus aufmerksam zugewandt sein „muss", wo immer wir noch die Freude seiner leibhaftigen Gegenwart unter uns haben.

Wie wir den Herrn „unter unserem Dach" empfangen

Wenngleich dieser Text immer dazu gedient hat, den Wert der kontemplativen Berufung als einer vom Herrn gewollten Lebensform darzulegen, so ist er doch für uns alle – welche Berufung auch immer wir haben mögen – eine einfache Lehre über die Bedeutung der Aufmerksamkeit gegenüber der Gegenwart Christi. So wie Lukas die Szene beschreibt, wird deutlich, dass Maria im Hören auf Christus den Willen Gottes erfüllt hat. Er erwähnt auch, dass Martha „ganz in Anspruch genommen war". Martha war zweifellos bester Absicht, dem Herrn dienen zu wollen, aber in diesem besonderen Moment wollte Christus offenbar lehren; also war jetzt nicht die Zeit, irgendetwas anderes zu tun als zuzuhören. Martha verpasste diese Unterweisung des Herrn, weil sie zu sehr abgelenkt war –, und das trifft oft auch auf uns zu: Wir können die Gegenwart Christi nicht wahrnehmen und seine Anregungen nicht empfangen, weil wir durch viele Dinge abgelenkt werden. Fortschritt im geistlichen Leben bedeutet letztlich, zu lernen, aufmerksam auf Christus zu sein, wo immer er in unserem Leben gegenwärtig und am Werk ist. Das ist es, was uns eine tiefe Einheit mit dem göttlichen Willen schenkt. Manchmal versucht Jesus, uns durch verschiedene Ereignisse oder durch die Worte eines anderen Menschen etwas mitzuteilen. Manchmal ruft er uns auf, den Armen und Leidenden zu helfen. Wir brauchen eine geistliche Sehfähigkeit, um das Licht seiner Gegenwart wahrnehmen zu können. Die heilige Mutter Teresa von Kalkutta stellte oft die Verbindung her zwischen zwei Weisen, Jesus wahrzunehmen und zu ehren: Jesus sehen und anbeten in der Eucharistie – Jesus sehen und lieben in den Leidenden. Das Schauen auf die heilige Hostie schärft unseren geistlichen Blick, sodass wir Christus erkennen und ihm begegnen können, wo immer er von uns gefunden werden möchte. Um ihn mit den Augen des Glaubens im heiligsten Sakrament sehen zu können, müssen wir in uns die Haltung Marias, nicht Marthas pflegen; wir müssen unseren Geist von Zerstreuungen befreien und uns mit dem inneren Blick des Herzens auf ihn ausrichten.

Der höchste und erhabenste Augenblick der Begegnung mit dem gegenwärtigen Christus in unserem Leben ist der, wenn wir ihn durch die heilige Kommunion in unseren Leib aufnehmen. Martha nimmt Jesus buchstäblich „unter ihrem Dach" auf, und dieses Bild ruft uns die Worte ins Gedächtnis, mit denen wir uns darauf vorbereiten, den Herrn in der heiligen Kommunion zu empfangen ... Zunächst heißt Martha ihn unter ihrem Dach willkommen, doch schon bald wird sie von den materiellen Anforderungen der Gastfreundschaft abgelenkt. Jesus aber belehrt sie, dass es noch eine höhere Form von Gastfreundschaft gibt, die es zu üben gilt. Nicht nur physische Notwendigkeiten verlangen nach Erfüllung, sondern auch geistliche. Es ist nicht verkehrt, dass Martha für die körperlichen Bedürfnisse Christi sorgt, aber es gibt für alles eine Zeit: eine Zeit, sich um das leibliche Wohl des Gastes zu kümmern, und eine Zeit, ihm Gastfreundschaft zu erweisen, indem sie spirituell empfänglich für ihn ist. In dieser besonderen Stunde möchte Jesus ihr zweifellos etwas Wichtiges offenbaren, aber Martha ist zerstreut und nicht offen dafür, es zu empfangen. Manchmal können unsere Ablenkungen uns daran hindern, auf den Herrn zu hören, wenn er zu unseren Herzen sprechen will. Dies ist ein sehr weit verbreitetes Problem, das uns oft während der heiligen Kommunion heimsucht.

Wenn man die Realität der heiligen Kommunion erwägt, wird einem klar, dass dies der feierlichste und besinnlichste Moment unseres Lebens sein sollte: Der König der Könige und Herr aller Herren kommt buchstäblich, um sich uns in der stärksten und intimsten Begegnung zu schenken, die wir mit Gott haben können, solange wir noch auf dieser Erde sind: Wir empfangen den menschgewordenen Gott in unserem Innersten. Martha war wirklich privilegiert, Jesus in ihrem Haus begrüßen zu dürfen, doch wir haben das viel größere Privileg, ihn in unserem sterblichen Leib willkommen zu heißen, damit er für immer in unseren Herzen regieren möge. Aber trotz der Größe dieser Gabe ist der Moment der heiligen Kommunion oft der Moment, in dem wir am meisten zerstreut sind. Zwischen der Beschäftigung mit unserem persönlichen Leben und der Ablenkung durch das, was um uns herum in der Kirche vor sich geht, vergeuden wir oftmals diesen Moment außergewöhnlicher Gnade. Wie Jesus selbst einmal zur heiligen Faustyna sagte, kommt er in der heiligen Kommunion, um uns mit Gnaden zu erfüllen; wir aber erkennen oft weder seine Liebe noch beachten wir ihn in seiner Realpräsenz.[33]

Die Haltung Mariens in diesem Abschnitt lehrt uns, wie wir uns auf Christus einstellen müssen, wenn er in der Eucharistie zu uns kommt. Maria schreitet in ihrer Christusbetrachtung immer weiter voran. Sie scheint die äußere Erscheinung zu durchdringen und etwas von der göttlichen Natur des Herrn wahrzunehmen. Sie sitzt zu seinen Füßen und lauscht seinen Worten, aber ihr Herz beginnt einen Einblick in die Tatsache zu bekommen, dass er das Wort – der Logos –, dass er der

[33] Faustyna Kowalska, *Tagebuch* (Hauteville/Schweiz: Parvis-Verlag, 2000) Nr. 1385.

Gottmensch ist. Wir müssen bei der heiligen Kommunion ein unterscheidendes Herz haben; wir müssen – die geistigen Kräfte nutzend – den eucharistischen Schleier durchdringen und erkennen, dass es wahrhaftig Jesus ist, dem wir begegnen.

Der heilige Paulus schrieb, dass viele Christen wegen der respektlosen Art und Weise, in der sie die heilige Kommunion empfingen, krank wurden und starben. Wie er es ausdrückt, versäumten sie es, „den Leib zu unterscheiden" (1 Kor 11,29–30). Wie oft empfangen wir die Hostie ohne wahrzunehmen, dass es die lebendige Gegenwart des Leibes Christi ist? Bei jeder heiligen Kommunion sollten wir mit der Person, die wir empfangen, liebevollen Kontakt aufnehmen. Eine Möglichkeit besteht darin, nach der heiligen Messe einige Zeit in stiller Danksagung zu verbringen. Viele Heilige verharrten eine halbe und in manchen Fällen sogar eine ganze Stunde in Danksagung nach der heiligen Kommunion. Wir sollten wenigstens versuchen, in der Viertelstunde, da der Leib Christi wirklich in unserem Innern gegenwärtig ist, aufmerksam zu sein und seine Gegenwart wahrzunehmen. Dies zu tun, bedeutet, sich für den Empfang außerordentlicher geistlicher Gaben und Gnaden zu öffnen. Wenn wir das Leben der Heiligen untersuchen, stellen wir fest, dass sie sehr oft während ihrer Zeit der Danksagung nach der Messe mystische Ekstasen erlebten und Einsichten erhielten, die die Welt veränderten. Die heilige Teresa von Ávila, eine Meisterin des geistlichen Lebens, beschrieb in ihrem Buch *Weg der Vollkommenheit* die Wichtigkeit einer längeren Danksagung nach der heiligen Messe. Wir täten gut daran, ihren Rat tief unserem Geist einzuprägen und die Art und Weise, wie wir uns dem Altar des Herrn nähern, zu erneuern. Teresa schreibt, den Empfang der heiligen Kommunion betreffend, von sich selbst in der dritten Person:

> Der Herr hatte ihr einen so lebendigen Glauben geschenkt, dass sie innerlich lächelte, wenn sie andere sagen hörte, sie hätten gern zu der Zeit gelebt, als Christus, unser höchstes Gut, auf Erden weilte; sie fragte sich, warum ihnen das wohl etwas ausmache, da wir ihn doch im Allerheiligsten Sakrament ebenso wirklich wie damals besitzen!

> Ich weiß auch, dass diese Person, obwohl sie nicht sehr vollkommen war, viele Jahre hindurch beim Empfang der heiligen Kommunion ihren Glauben dadurch zu stärken suchte, dass sie sich vorstellte, sie sähe mit leiblichen Augen den Herrn in ihre Wohnung eintreten. Indem sie glaubte, der Herr kehre wirklich in ihre arme Wohnung ein, bemühte sie sich nach Kräften, sich von allen äußeren Dingen loszumachen und mit ihm in ihr Inneres einzugehen. Dabei war sie bestrebt, ihre Sinne zu sammeln, damit sie alle dieses so große Gut erkennen, ich meine, ihre Seele nicht an der Erkenntnis dieses Gutes hindern könnten. Sie stellte sich vor, sie sitze zu Füßen des Herrn und weine mit Magdalena, ganz als sähe sie ihn mit leiblichen Augen im Haus des Pharisäers. Und selbst wenn sie keine Andacht spürte, so sagte ihr doch der Glaube, dass er wirklich da war.

> Ja, wenn wir uns nicht absichtlich dumm stellen und unseren Verstand verblenden, gibt es keinen Zweifel daran, dass ER wirklich da ist; denn dies ist keine Vorstellung der Einbildungskraft, wie wenn wir den Herrn am Kreuz oder bei einer anderen Station seines Leidens betrachten, deren

> Verlauf wir uns innerlich vorstellen. Es geschieht jetzt und ist volle Wirklichkeit; wir brauchen ihn nicht anderswo in der Ferne zu suchen. Da wir ja wissen, dass der gute Jesus bei uns ist, solange die Körperwärme die Gestalt des Brotes noch nicht verzehrt hat, wollen wir uns ihm hier nahen. Als er auf Erden lebte, heilte er die Kranken allein schon durch die Berührung seiner Kleider; wie können wir dann zweifeln, dass er da, wo er so tief in uns gegenwärtig ist, Wunder bewirken wird, wenn wir Glauben haben, und uns geben wird, worum wir ihn bitten? Er ist doch in unserem Haus! Und Seine Majestät bezahlt gewöhnlich die Herberge nicht schlecht, wenn man ihn gut bewirtet. (…)
>
> Jenen nämlich, von denen er weiß, dass sie aus seiner Gegenwart Nutzen ziehen, offenbart er sich. Denn sehen sie ihn auch nicht mit leiblichen Augen, so zeigt er sich doch ihrer Seele durch tiefinnere Empfindungen und auf verschiedene andere Weise. Bleibt nur gern bei ihm! Versäumt eine so gute Gelegenheit wie die Stunde nach dem Empfang der heiligen Kommunion nicht, um euch mit ihm auszutauschen. (…) Die Zeit nach der Kommunion ist also ein guter Zeitpunkt, um von unserem Meister unterwiesen zu werden, ihm zuzuhören und ihm zum Dank die Füße zu küssen. Bittet ihn dann, nicht mehr von euch wegzugehen.[34]

Wenn auch nur eine Seele diesem Rat einer Kirchenlehrerin folgt und nach der Messe großzügig Zeit mit Jesus in stiller Danksagung verbringt, dann wird der Herr alle Sakrilegien, Frevel und Gleichgültigkeiten, mit denen er beleidigt wird, in

---

[34] Teresa von Jesus, *Weg der Vollkommenheit* (Leutesdorf: Johannes-Verlag, 1998), Nr. 34.

Kauf nehmen; diese eine Seele macht sein Kommen lohnenswert. Die Zeit, die auf die heilige Kommunion folgt, ist die einzige Zeit, in der wir alle sicher sein können, dass wir aufgerufen sind, Maria und nicht Martha zu sein!

Besorgt und unruhig?

Der heilige Lukas erzählt uns, dass Martha „durch vielerlei Dienste beansprucht" war. Das griechische Wort, das er hier benutzt, vermittelt die Vorstellung, dass sie in verschiedene Richtungen herumgezerrt wird. Sie kann sich nicht auf die Gegenwart des Herrn in ihrem Haus konzentrieren, weil sie zu viele Aktivitäten im Kopf hat. Nicht sie hat die Kontrolle über ihre Aktivitäten, sondern wird von ihnen kontrolliert. Dann enthüllt Jesus mit einem tiefen Blick in ihr Herz, dass ihr Problem nicht nur darin besteht, dass sie von äußerer Geschäftigkeit überhäuft ist, sondern auch darin, dass sie innerlich „besorgt und unruhig" ist. Sie hat zugelassen, dass die Mühen des täglichen Lebens ihren Herzensfrieden stören. Das Wort für „unruhig" wird im Lateinischen mit „turbaris" übersetzt, was so viel wie „gestört" heißt und seine Wurzel in dem Wort für „Aufruhr", „Gedränge" oder „lärmender Mob" hat. Es rasen also zu viele Gedanken wie tausend verschiedene Stimmen durch ihren Kopf. Von diesem Wort leiten wir im Deutschen das Wort „Turbulenz" ab. Martha wird von beunruhigenden Gedanken geplagt, und so gleicht ihre Seele dem aufgewühlten, turbulenten Meer, während die Seele der in Christus erneuerten Maria einem stillen See gleicht. Martha hat zu viel inneren Lärm, als dass sie die Tugend der Aufmerksamkeit gegenüber Christus üben könnte.

Das Wort für „besorgt“ beschreibt eine übermäßige Sorge um materielle Dinge und damit eine Gemütsverfassung, die das geistliche Leben erstickt. Der buchstäbliche Wortsinn meint, dass sie zu viel über viele Dinge nachdenkt, die es nicht wert sind, ihre geistigen Energien zu verbrauchen, während der Geist Marias auf das einzig Notwendige ausgerichtet ist. Sich Sorgen zu machen bedeutet, zu viel an Dinge zu denken, die Angst auslösen; gewöhnlich sind das Befürchtungen, die die Zukunft betreffen. Es ist das gleiche Wort, das Christus benutzte, als er davor warnte, unseren Geist auf irdische Realitäten statt auf himmlische zu richten: „Deswegen sage ich euch: Sorgt euch nicht um euer Leben und darum, dass ihr etwas zu essen habt, noch um euren Leib und darum, dass ihr etwas anzuziehen habt. Ist nicht das Leben wichtiger als die Nahrung und der Leib wichtiger als die Kleidung?“ (Mt 6,25). Wir sollten tun, was wir können, um für die materiellen Bedürfnisse unserer Lieben aufzukommen – und dann darauf vertrauen, dass die Vorsehung Gottes sich um den Rest kümmern wird. Ängstliche Sorge wegen all dieser Dinge kann Ausdruck eines mangelnden Vertrauens in Gott sein. Das ist völlig nutzlos und trägt nichts zur Verbesserung der Situation bei. Wenn wir unser Bestes getan haben, können wir nicht noch mehr tun und sollten einfach dem Rat des heiligen Petrus folgen, der sagt: „Werft alle eure Sorge auf ihn, denn er kümmert sich um euch“ (1 Petr 5,7). Je mehr wir darauf vertrauen, dass Gott in seiner treuen Vorsehung auch in Zukunft für uns sorgen wird, und uns ansonsten darauf konzentrieren, seine Ehre zu suchen, desto mehr wird er das Seine tun, um unser Leben zu segnen.

Neben dieser Art von ängstlicher Sorge, die Folge einer übermäßigen Beschäftigung mit materiellen Dingen ist, gibt es auch das damit verbundene Problem der Besorgtheit wegen der globalen Herausforderungen samt den potentiellen Gefahren für die menschliche Existenz. Wir können den Kümmernissen der Welt nicht gleichgültig gegenüberstehen, aber wir dürfen auch nicht zulassen, dass unsere Ängste maßlos werden und unser Leben ruinieren. So lange noch Jesus in der Eucharistie gegenwärtig ist, können wir zu ihm kommen und unser Herz erleichtern. Wenn unser Glaube an seine Gegenwart stark genug ist, dann wird die eucharistische Anbetung uns tiefen Frieden schenken und im Licht der eucharistischen Sonne wird unsere Unruhe sich auflösen wie Morgennebel. Manche Menschen leiden auch in ihrer Beziehung zu Gott unter ängstlicher Besorgtheit. Sie haben die barmherzige Güte des Herrn nie richtig kennengelernt und so leben sie in sklavischer Angst vor seiner Gerechtigkeit. Ängstliche Sorge kann besonders schlimm sein, wenn sie durch Schuldgefühle wegen vergangener Sünden und Furcht vor künftiger Bestrafung beim Jüngsten Gericht verursacht wird. Doch wenn wir unsere Sünden gebeichtet haben, dann ist unsere Schuld getilgt und wir können vor dem Herrn in Frieden sein. In diesem Abschnitt des Evangeliums lehrt uns die einst sündige Magdalena das Heilmittel gegen übermäßige Furcht vor der göttlichen Gerechtigkeit: die Betrachtung Christi. Jesus ist der menschgewordene Gott, der ein Geheimnis unendlicher, barmherziger Liebe ist. Je mehr wir seine Persönlichkeit und seine Worte betend betrachten, umso mehr lernen wir die Wahrheit über die Persönlichkeit Gottes kennen.

Jesus macht das unsichtbare Geheimnis des Erbarmens Gottes sichtbar. Es ist, als ob in ihm das reine, unzugängliche Licht, welches das Wesen Gottes ist, wie durch ein Prisma hindurchgeht, sodass wir nun alle Farben des göttlichen Geheimnisses erblicken können. Indem wir auf die Person Jesu schauen, sehen wir das ganze Spektrum göttlicher Schönheiten aufleuchten: Die unbegreifliche Macht, Weisheit, Gerechtigkeit, Barmherzigkeit, Geduld und Liebe Gottes werden so der Kontemplation des menschlichen Geistes zugänglich gemacht. Wenn wir die Evangelien betrachten, stellen wir fest, dass Sünder, die dem menschgewordenen Gott von Angesicht zu Angesicht begegnen, sich nicht scheuen, in seine Gegenwart zu kommen. Im Gegenteil: Die Sünder sammelten sich scharenweise um ihn. Das fünfte und das fünfzehnte Kapitel des Lukasevangeliums machen überdeutlich, dass die Offenbarung der Persönlichkeit und des Antlitzes Gottes in Jesus Christus den Herzen der Sünder sicheres Vertrauen einflößte. Je mehr wir diese Wahrheit im Gebet erwägen, desto unerschütterlicher wird unsere Hoffnung auf Gottes Erbarmen mit uns. Wenn wir die Barmherzigkeit Gottes kennenlernen wollen, dann finden wir sie allein in Jesus, der sie offenbart. Wir sollten Maria nachahmen und uns Zeit nehmen, das eucharistische Antlitz Jesu anzubeten, während wir seinem Wort in längerer stiller Betrachtung lauschen. Dies ist nicht wie das Lesen irgendeines anderen Buches, denn das Wort Gottes ist lebendig und wirksam. Es dringt in unseren Verstand ein und verwandelt unsere Denkweise, bringt tiefen Frieden in die Seele und heiligt unsere Wünsche.

Viele unserer Schwierigkeiten sind auf unsere falsche Denkweise zurückzuführen. Sehr oft kann ein Gedanke, den wir im Gedächtnis festhalten, eine Welle tiefer Traurigkeit in unserem ganzen Wesen auslösen. Ein einziger negativer Gedanke reicht aus, um uns für viele Stunden zu verwirren. Abgesehen davon ist unsere falsche Denkweise die Wurzel vieler unserer sündhaften Neigungen. Ein falsches Verständnis vom Leben kann zu Handlungen führen, die dem göttlichen Willen zuwiderlaufen. Deshalb benutzte Jesus zu Beginn seiner Verkündigung für „Bekehrung" das griechische Wort „metanoia" (vgl. Mk 1,15), das wörtlich „Umdenken" heißt, also die Veränderung der eigenen Denkweise meint, was dann zu einer neuen christlichen Handlungsweise führt (vgl. Lk 24,47). Selbst bei denen von uns, die ein echtes Bekehrungserlebnis hatten, ist die Denkweise nicht immer ganz richtig. Glücklicherweise können unsere Denkprozesse aber durch die Betrachtung des Wortes Gottes allmählich geheilt und erhoben werden. Regelmäßig in betender Betrachtung zu verweilen, kann unsere Art, über Gott, das Leben und die Schöpfung zu denken, korrigieren und so unsere Wünsche und unser ganzes Leben heiligen.

Gedanken an materielle Dinge verdienen nicht die ständige Beschäftigung unseres Geistes, aber über die Geheimnisse und die Worte Jesu Christi nachzudenken, das ist vielleicht die edelste Tätigkeit des Intellekts. Die Wahrheit – die letztlich eine göttliche Person ist – ist der eigentlich angemessene Gegenstand des menschlichen Geistes und sie ist der einzige Gegenstand, der dem Geist Erfüllung und Frieden bringt. Wir sind dazu geschaffen, die Wahrheit in alle Ewigkeit zu betrachten, und je mehr wir das hier unten tun, desto mehr lernen wir bereits den beginnenden himmlischen Frieden kennen. Wir müssen lernen, unsere beunruhigenden Gedanken über viele Dinge durch Gedanken über Christus zu ersetzen.

Martha sorgt sich um viele nutzlose Dinge, aber Maria hat begonnen, an fast nichts anderes zu denken als an Jesus und seine Lehre. Jesus sagt, Martha sei besorgt und beunruhigt – in dieser Reihenfolge. Es ist ihr besorgtes Denken über viele Dinge, das unweigerlich zur Beunruhigung ihres Herzens führt. Maria dagegen füllt ihre Gedanken mit den Worten Christi und dies führt unweigerlich zum Frieden des Herzens. Es ist so, wie der Prophet Jesaja zum Herrn über das Volk Israel sagt: „Sein Sinn ist fest; du schenkst ihm Ruhe und Frieden; denn es verlässt sich auf dich" (Jes 26,3). Es wäre gut, wenn wir uns selbst einmal folgende Frage stellen würden: „Wie viele von den 1440 Minuten eines Tages verbringe ich damit, an Jesus zu denken, und wie viele verbringe ich damit, an materielle Dinge zu denken, die dazu bestimmt sind, zu vergehen?"

„Sag ihr doch, sie soll mir helfen!"

Im griechischen Text sagt Martha zu Jesus, er solle Maria auffordern, mit ihr „gemeinsam zu helfen". Das griechische Wort dafür ist ungewöhnlich. Genau in dieser Form begegnet es nur noch einmal, und zwar im Römerbrief (8,26), wo die Rede davon ist, dass der Geist sich in unserer Schwachheit mit uns verbindet und uns von innen zu Hilfe kommt, um uns beim Beten zu helfen. Anscheinend möchte Martha ihre Schwester Maria ganz in Einheit mit ihrer Person haben: mit ihrer Art zu handeln und zu denken. Möglicherweise hängt Martha in ungeordneter Weise an Maria und wünscht sich, dass Maria ebenso aktiv und besorgt um materielle Dinge ist wie sie.

In Familienkreisen gibt es manchmal Mitglieder, die versuchen, andere zu vereinnahmen. Wenn einer zum Beispiel mehr Zeit mit Christus im Gebet verbringen möchte, können sich derart veranlagte Familienmitglieder darüber ärgern und versuchen, die Person zu nötigen, stattdessen Zeit mit ihnen zu verbringen. So etwas ist keine wahre Gemeinschaft, sondern Unordnung! Wahre Gemeinschaft entsteht, wenn jeder Mensch das tut, was er vor Gott tun soll und es in Liebe tut. Jemand, der erkannt hat, was er tun soll, um den göttlichen Willen zu erfüllen, wird oft unter denen zu leiden haben, die sich nur von ihrem eigenen Willen leiten lassen. Einer der Gründe, warum Maria überhaupt von Bethanien weggezogen war, könnte der Wunsch gewesen sein, dem Machtbereich ihrer kontrollierenden älteren Schwester zu entkommen. – Martha sollte eines Tages eine große Heilige werden, aber wie Maria und wie wir alle musste sie zuerst ihre eigenen sündhaften Neigungen überwinden.

Ungeordnete Bindungen können verheerende Folgen haben. Das wird besonders deutlich, wenn sich in Familien, in denen der Glaube keine Rolle spielt, ein Mitglied zum Christentum bekehrt. Die anderen Familienmitglieder können sich über das neu gefundene Glück und die veränderte Lebensweise des bzw. der Neubekehrten ärgern und es kann zu Eifersüchteleien kommen. Die Menschen hängen im Allgemeinen an dem, was sie schon immer erlebt und verstanden haben. Plötzliche Verhaltensänderungen bei einem bekehrten Angehörigen können Ängste auslösen. Oft müssen Bekehrte viel leiden, um sich von der Bevormundung durch andere zu befreien und ganz für Christus zu leben. Zwei klassische Beispiele für Bekehrte, die unter den Reaktionen ihrer Familien zu leiden haben, finden sich im Leben des heiligen Franziskus und der heiligen Klara von Assisi. Doch wenn solche Menschen auch oft von ihren Verwandten kritisiert werden – wie in unserem Fall Maria von Martha –, wird Jesus immer diejenigen verteidigen, die zu ihm kommen wollen.

In Familien sollte es völlige Gewissensfreiheit geben, dem Willen Gottes zu folgen und die spirituelle Lebensform zu ergreifen, zu der die Gottesliebe einen inspiriert. Es ist jedoch wichtig, darauf hinzuweisen, dass die Beziehung zwischen Ehemann und Ehefrau einzigartig ist und das geistliche Leben eines Ehepartners stets das heilige Band der Ehe respektieren muss. Geistliche und religiöse Aktivitäten dürfen nicht als Entschuldigung dafür benutzt werden, keine Zeit mit seinem Ehepartner und seinen Kindern zu verbringen. Aus diesem Grund warnen Meister des Gebets (wie Teresa von Ávila) unerfahrene Priester davor, durch unkluge spirituelle Führung Spannungen in Ehen zu verursachen.

Jungen Menschen muss dabei geholfen werden, zu erkennen, welche Bedeutung die Wahl der richtigen Berufung hat. Der dringende Wunsch, täglich längere Zeit im Gebet zu verbringen, kann durchaus ein Zeichen dafür sein, dass ein Mensch zu einem zölibatären Leben berufen ist. Darum geht es dem heiligen Paulus, wenn er in seinem Brief an die Korinther zu Bedenken gibt, dass es einem unverheirateten und frommen Menschen leichter fallen könnte, ganz für den Herrn zu leben. Interessanterweise ist das Wort, mit dem Marthas Besorgtheit beschrieben wird, identisch mit dem des heiligen Paulus, wenn er von der geistlichen Freiheit als Folge gottgeweihter Ehelosigkeit spricht. Er sagt: „Die unverheiratete Frau und die Jungfrau ist besorgt um die Sache des Herrn; sie will heilig sein an Leib und Seele; die Verheiratete dagegen ist besorgt um die Dinge der Welt, wie sie ihrem Mann gefalle“ (1 Kor 7,34).

Der zölibatäre Lebensstand – vor allem wenn er mit einer starken kontemplativen Ausrichtung einhergeht – schenkt der

Welt einen Vorgeschmack auf den ewigen Zustand des himmlischen Lebens, eines Lebens in immerwährender Anbetung und unablässiger Betrachtung des Antlitzes Gottes. Wenn Jesus sagt, Maria habe den „guten Teil" gewählt, werden wir an das erinnert, was der Herr den Leviten im Alten Testament sagt (vgl. Num 18,20): Sie sollten keinen bestimmten Teil des verheißenen Landes erben, denn der Herr selbst würde ihr Anteil und ihr Erbe sein. Die zölibatär lebende Person soll sich also nicht um weltliche Besitztümer und Ländereien kümmern, denn die Gegenwart des Herrn selbst soll ihr Anteil und ihr Erbe sein. Ein solcher Mensch hat ein besonderes Recht, in privilegierter Intimität mit dem eucharistischen Herzen Jesu zu leben. Die Entscheidung für den Zölibat bringt die Freiheit mit sich, viel Zeit mit Christus im täglichen Gebet zu verbringen.

Die Evangelien lassen uns also erkennen, dass die heilige Maria Magdalena allen Christen etwas zu sagen hat, und dass die Passagen, in denen sie auftaucht, tiefe verborgene Geheimnisse enthalten, die alle darauf abzielen, unsere Herzen mit Liebe zu Christus zu entflammen. Das unvergessliche Feuer der Liebe Magdalenas hört nie auf, in jeder Generation der Kirche auf Erden die Flamme der Liebe zu entzünden oder zumindest zu beleben. Ihre Mission ist es, den ansteckenden Brand ihrer radikalen Liebe zu Christus bis an die Enden der Erde auszubreiten.

4

Eine Liebe, die stärker ist als der Tod

Nach seinem Besuch im Haus von Martha und Maria in Bethanien setzte Jesus, der Herr, seine Pilgerreise zum Fest der Tempelweihe über den Ölberg nach Jerusalem fort. Während dieser kalten Wintermonate im letzten Jahr seines kurzen Lebens lehrte er ausführlich im Tempel. Hier lehrte er auf andere Weise als in Galiläa. Dort war seine Sprache einfacher, und er schien seine Worte an die ländliche Mentalität seiner Zuhörer anzupassen, wie in seinen Gleichnissen zum Ausdruck kommt (zum Beispiel im Gleichnis vom Sämann Lk 8,5ff.). In Jerusalem aber, inmitten der Gesetzeslehrer und Schriftgelehrten, öffnete er tiefere Dimensionen jener Geheimnisse, die zu offenbaren er in die Welt gekommen war. Denjenigen, die die Geduld und Offenheit besaßen, über seine Botschaft nachzudenken – anstatt offensichtlich nur Streitpunkte herauszupicken –, erklärte er, wie die Gottesdienstrituale seit den Tagen von Mose und David den Weg vorbereitet hatten für sein Kommen und für das, was er ihnen bringen wollte (vgl. Joh 7,37–38). Die Zeit der Tempelrituale war schon so gut wie abgelaufen, denn die herrliche Wirklichkeit war endlich da (vgl. Joh 8,12). Vor allem enthüllte er in Jerusalem das Geheimnis seiner eigenen göttlichen Identität (vgl. Joh 10,30). Nach vielen Streitgesprächen in der heiligen Stadt waren es letztlich die von ihm selbst gegebenen Hinweise auf seine göttliche Natur, die aufgegriffen und endgültig zurückgewiesen wurden –, nicht von den einfachen Söhnen und Töchtern Abrahams, sondern von den korrupten und mächtigen Tempelbehörden. Sie wussten, dass die Auswirkungen seiner Botschaft – wenn sie angenommen würde – den Status quo völlig verändern und den Glauben und die Gottesverehrung in ganz Israel umwälzen würden. Trotz seiner Zeichen und Wunder war dies eine zu verstörende Vorstellung, als dass man sie hätte in Betracht ziehen können, insbesondere für diejenigen, die am meisten vom Geschäft mit der Religion profitierten. Ihre Anhänglichkeit an langjährige Machtpositionen und die damit verbundenen Vorteile war stärker als ihre Offenheit für den Willen Gottes. Kajaphas, dem Hohepriester, war es egal, wie weise Jesus war: Er war eine Bedrohung für seine Stellung sowie für die öffentliche Ordnung in Jerusalem und durfte deshalb nicht toleriert werden. Die obersten Priester und die Pharisäer entschieden sich aus freien Stücken, sich selbst dem Licht seiner Wahrheit gegenüber blind zu machen (vgl. Joh 9,40–41), denn in solcher Verblendung lag der Trost des Vertrauten. Hätten sie dagegen Jesu Worte als wahr anerkannt, so wäre ihre eigene zukünftige Stellung in Israel ungewiss gewesen. Diejenigen, die sich in ihrem Verhalten festgelegt haben und an ihren

Privilegien hängen, weigern sich, auf eine Botschaft zu hören, die eine beunruhigende Veränderung bringen könnte.

Die Haltung der Jerusalemer Elite Jesus gegenüber wurde noch kälter als das Winterwetter. Nicht nur wegen des institutionellen Umbruchs, den seine Botschaft auslösen könnte, war die Obrigkeit voll Argwohn gegen ihn, sondern sie war auch bitter neidisch wegen der Reaktion der einfachen Gläubigen auf seine Worte (vgl. Mk 15,10). Seine Art zu sprechen, war so erhaben und sein Auftreten so majestätisch, dass ihre eigene Lehre und ihr eigener Prunk dagegen leer und eitel wirkten. Neid gehört zu den tödlichsten Sünden, denn wenn man ihm nicht Einhalt gebietet, wird er Groll hervorrufen, der schließlich in bitteren Hass umschlagen kann, wie es im Fall von Kain geschah (vgl. Gen 4,1–16). Einmal, während Christus lehrte, versuchte die Obrigkeit in ihrer fanatischen Wut, ihn steinigen zu lassen (vgl. Joh 10,31). Nach dieser deutlichen Bekundung ihrer Ablehnung seiner Botschaft beschloss Jesus schließlich, sich erneut zurückzuziehen aus der Stadt, die „die Propheten tötet und die von Gott Gesandten steinigt“ (vgl. Mt 23,37) und sich auf den Weg zurück nach Peräa zu machen (vgl. Joh 10,40).

Dort, jenseits des Jordan, wurde ihm – es war im oder um den Monat Februar herum – die Nachricht überbracht, dass sein Freund Lazarus von Bethanien schwer krank sei. Seit der Bekehrung seiner Schwester war Lazarus ein Freund und Wohltäter Christi und seiner Apostel geworden. Dies erklärt die ergreifende Botschaft seiner beiden Schwestern Martha und Maria, in der sie Jesus daran erinnern, wie sehr er diesen Mann liebt, der nun im Sterben liegt:

Ein Mann war krank, Lazarus aus Bethanien, dem Dorf, in dem Maria und ihre Schwester Martha wohnten. Maria aber war es, die den Herrn mit Öl gesalbt und seine Füße mit ihrem Haar getrocknet hatte; deren Bruder Lazarus war krank. Daher sandten die Schwestern Jesus die Nachricht: „Herr, der, den du lieb hast, ist krank." Als Jesus das hörte, sagte er: „Diese Krankheit wird nicht zum Tod führen, sondern dient der Verherrlichung Gottes: Durch sie soll der Sohn Gottes verherrlicht werden" (Joh 11,1–4).

Fürbitte und Vertrauen

In dieser Einleitung zum elften Kapitel seines Evangeliums liefert uns Johannes einige höchst bedeutsame Einzelheiten über die Familie von Bethanien. Die Art und Weise, wie Lazarus hier eingeführt wird, ist sehr geheimnisvoll und es scheint, dass Johannes zunächst einmal Lazarus in Bezug auf die bekannte lukanische Geschichte über Martha und Maria verorten will. Martha und Maria zu nennen, als ob sie wohlbekannt seien, kann nur ein Verweis auf das zehnte Kapitel des Lukasevangeliums sein, da Johannes die beiden Schwestern vorher nicht erwähnt hat. Er klärt hier nicht nur die Identität des Lazarus, der von Lukas in dessen Geschichte nicht genannt worden war, und teilt uns nicht nur den Namen des Dorfes „Bethanien" mit, der ebenso wenig bei Lukas vorkommt; er identifiziert auch Lazarus' Schwester Maria mit der sündigen Frau, die die Füße Christi in Galiläa gesalbt hatte (vgl. Lk 11,2). Wie bereits früher ausgeführt, zeigt das von Johannes verwendete Verb an, dass er von einem vergangenen Ereignis spricht. Der ungewöhnliche Stil dieser Einleitung, in der er zunächst

Lazarus und die beiden Schwestern vorstellt und dann in die Vergangenheit zurückgreift, um klarzustellen, dass Maria, die dem Herrn die Füße gesalbt hatte, tatsächlich die Schwester des Lazarus ist, erinnert uns ferner daran, dass die Art und Weise, wie die Heilige Schrift Erklärungen abgibt, nicht jener der modernen Wissenschaft entspricht. Ein oberflächliches Lesen der biblischen Texte reicht nie aus, um göttliche Wahrheiten zu erfassen, und oft war es eine oberflächliche Lektüre, die zur Ablehnung der Identitätstheorie geführt hat.

Um noch einmal auf die Fürsprache der Schwestern für ihren Bruder zurückzukommen, stellen wir fest, dass die beiden besorgten Schwestern Jesus nicht sagen, was er tun soll, sondern einfach an seine Güte appellieren und uns so ein Beispiel geben, wie wir für die Menschen, die uns am Herzen liegen, Fürsprache einlegen können: „Herr, der, den du lieb hast, ist krank." Wenn die Schwestern Jesus auch nicht ausdrücklich darum bitten, nach Bethanien zurückzukehren, wo sein Leben in Gefahr wäre, vertrauen sie doch darauf, dass der Allmächtige einen Weg finden wird, einem Mann zu helfen, der, wie sie glauben, zu jung ist, um schon sterben zu müssen. Tief im Inneren haben sie den geheimen Wunsch, Jesus möge persönlich kommen und ihren Bruder heilen (vgl. Joh 11,21), aber sie scheuen sich, einen Wunsch zu äußern, der Jesus dazu veranlassen könnte, sich erneut in Lebensgefahr zu begeben. Sie haben schon gesehen, wie Jesus Wunder vollbrachte für Leute, denen er nie zuvor begegnet war; es ist also vernünftigerweise zu erwarten, dass er zumindest irgendetwas für seinen lieben Freund tun wird. In der Vergangenheit hatte er sogar Menschen aus der Ferne geheilt, nur dadurch, dass er es wollte (vgl. Joh 4,50). Für ihn ist alles möglich!

Die Tatsache, dass Lazarus hier beschrieben wird als einer, den Jesus liebt, und ein wenig später als einen Freund Jesu und der Apostel (vgl. Joh 11,11), dass er aber trotzdem von den synoptischen Evangelisten nicht einmal erwähnt wird, trägt zu dem bewusst vage gehaltenen Eindruck bei, der diese Familie in den ersten drei Evangelien umgibt. Wie konnten die synoptischen Evangelien es versäumen, solch einen geliebten Jünger und Freund Christi zu nennen? Es sei denn, sie taten dies aus ganz bestimmten anderen Gründen? Sie scheinen zur Diskretion über die Familie von Bethanien verpflichtet gewesen zu sein, aber Johannes, der sein Evangelium ja später schreibt, steht es inzwischen frei, ein wenig mehr über diese lieben Freunde Christi zu enthüllen. Auf jeden Fall reagiert Jesus auf die Nachricht, indem er sagt, dass diese Krankheit „nicht zum Tod" führe, oder, wie wir auch übersetzen können, „nicht mit dem Tod enden wird" (Joh 11,4). Sicherlich wird diese Ankündigung Christi, dass Lazarus nicht sterben werde, von den Boten sofort den Schwestern überbracht worden sein, was deren Hoffnung, dass Jesus etwas Wunderbares tun werde, noch verstärkt haben wird. Wie sehnlich werden sie darauf gewartet haben, ihn von Angesicht zu sehen, doch Johannes lässt auf diese Einleitung ein Stück Heilige Schrift folgen, das uns nur in Staunen versetzen kann über die unergründliche Logik des Herrn: „Jesus liebte aber Martha und ihre Schwester und Lazarus. Als er nun hörte, dass er krank sei, blieb er noch zwei Tage an dem Ort, wo er war" (Joh 11,5–6).

Die Logik des Kreuzes

Nach der ersten Hälfte des sechsten Verses würde man erwarten, dass nun erzählt wird, wie Jesus sofort nach Bethanien eilt, um seinen geliebten Freunden zu helfen. Johannes aber scheint fast anzudeuten, dass es gerade Jesu große Liebe zu seinen Freunden ist, die ihn dazu motiviert, diese Prüfung über sie kommen zu lassen! Die Intimität mit Christus verschont keine Seele vor Prüfungen. Doch wenn Jesus die erlesenen „Splitter seines Kreuzes" mit den Seelen teilt, die seinem Herzen nahestehen, so teilt er doch auch die höchsten himmlischen Freuden und Tröstungen mit ihnen. Erst wenn diese Geschichte zu Ende ist, sind wir in der Lage, die Güte hinter der Art und Weise, wie der Herr handelt, zu sehen und zu verstehen. Seine Freunde in Bethanien jedenfalls haben im Nachhinein keine Minute ihres Leidens bereut. In ähnlicher Weise werden auch wir erst, wenn unser Leben vollendet ist, die Güte Gottes und den geistlichen Wert unserer Prüfungen vollständig verstehen. Erst wenn das Weizenkorn in die Erde fällt und stirbt, bewegt es sich auf den stärksten und schönsten Moment seiner Existenz zu. Durch die Dunkelheit ihrer Prüfungen hindurch bringt der Herr seine Freunde zu einer Freude, die alles übertrifft, was sie sich erhofften, und im Augenblick der Dunkelheit ist alles, was er wünscht, ihr Vertrauen. So wird Marthas und Marias Vertrauen in die Liebe des Herrn zu ihnen bis an die Grenze getrieben. Erst als die Zeit gekommen ist, Gott zu verherrlichen, beschließt Jesus, nach Bethanien zurückzukehren.

> Dann erst sagte er zu den Jüngern: „Wir wollen nach Judäa gehen." Die Jünger sagten zu ihm: „Rabbi, eben erst suchten dich die Juden zu steinigen und du gehst wieder

dorthin?“ Jesus antwortete: „Hat der Tag nicht zwölf Stunden? Wenn einer bei Tage umhergeht, stößt er sich nicht, weil er das Licht der Welt sieht. Wenn aber einer bei Nacht umhergeht, stößt er sich, weil das Licht nicht bei ihm ist.“ So sprach er. Und darauf sagte er zu ihnen: „Unser Freund Lazarus schläft. Aber ich gehe hin, ihn aufzuwecken.“ Da sprachen die Jünger zu ihm: „Herr, wenn er schläft, wird er gesund werden.“ Jesus hatte aber von seinem Tod gesprochen. Jene aber meinten, er rede von der Ruhe des Schlafes. Da sprach nun Jesus offen zu ihnen: „Lazarus ist gestorben. Und ich freue mich für euch, dass ich nicht dort war, damit ihr glaubt. Aber jetzt wollen wir zu ihm gehen.“ Da sagte Thomas, der Didymus heißt, zu seinen Mitjüngern: „Also, gehen auch wir hin, um mit ihm zu sterben“ (Joh 11,7–16).

Erwartungen übertroffen

Unser Herr hatte versprochen, dass die Krankheit des Lazarus nicht zum Tode führen würde – und nur zwei Tage später teilt er seinen Aposteln mit, dass Lazarus gestorben sei. Das Wort Christi ist geheimnisvoll tiefgründig. Auch wenn es manchmal den Anschein haben mag, als seien seine Verheißungen fehlgeschlagen, wird sein Wort doch in Wirklichkeit immer eingelöst. Er versprach, dass die Pforten der Hölle die Kirche nicht überwältigen würden (vgl. Mt 16,18), aber manchmal sind wir versucht zu glauben, dass sie sie doch überwältigen. Jesus verlangt heroisches Vertrauen von seinen Freunden und das bedeutet: Er verlangt ein Vertrauen, das sich auch dann nicht zerstören lässt, wenn der Schein der Dinge uns glauben macht, dass unser Vertrauen vergeblich gewesen sei. Heilige vertrauen weiter, selbst in den scheinbar unmöglichsten Situationen, und genau dieses Vertrauen wird von Martha und Maria hier verlangt. Wir können uns vorstellen, wie verwirrt sie gewesen sein müssen vor all den Trauergästen, die von ihrer Nähe zu dem Wundertäter wussten, der sie in der Stunde ihrer größten Not offensichtlich im Stich gelassen hatte. Sie mussten lernen zu akzeptieren, dass Gottes Wege nicht unsere Wege sind, aber dass er oft viel mehr tut, als wir überhaupt erhoffen können.

Wir sehen in Maria Magdalenas Leben ein Muster und vielleicht zeigt es sich auch im Leben aller treuen Anbeter und Anbeterinnen Christi. Es gibt in ihrem Leben eine Art Kreislauf, der sich wiederholt, und einmal in der ewigen Freude des Himmels gipfeln wird. Sie wünschte sich Glück und suchte es ernsthaft, aber ihre Wünsche blieben unerfüllt oder wurden enttäuscht, nur um dann übertroffen und in weit höherem Maße erfüllt zu werden, als sie es sich ursprünglich gewünscht hatte. Zuerst suchte sie Glück in der Welt und in der Liebe sündhafter Geschöpfe, aber diese ließen sie nur in Dunkelheit und Leere zurück, bis zu dem Tag, an dem Jesus kam und sie in die göttliche Liebe und das Glück führte, das unendlich tiefer ist als das, was andere arme Sünder einem geben können. Sie entdeckte, dass sie eigentlich zu wenig Glück gesucht hatte. Sie hatte versucht, ihren Durst nach unendlicher Liebe auf eine Weise zu stillen, die sie noch unerfüllter zurückließ; aber in der Begegnung mit Jesus durchflutete wahre unendliche Liebe ihre Seele und von diesem Moment an konnte sie nie mehr auf die Dinge zurück blicken, die sie zurückgelassen hatte.

In der Krankheit des Lazarus sehen wir ein ähnliches Muster. Maria wünschte sich verzweifelt, dass Jesus kommen und ihren Bruder heilen würde, aber dieser Wunsch wurde enttäuscht, als ihr lieber Bruder seinen letzten Atemzug in ihren Armen aushauchte. Wieder einmal hatte sie sich etwas weit weniger Großartiges gewünscht, als Jesus zu schenken geplant hatte: Ihre Familie wurde auserwählt, eines der größten Wunder der Menschheitsgeschichte zu erleben. Aus Liebe zu ihr und ihrer Familie und um die Macht Gottes zu verherrlichen, setzte Jesus die Naturgesetze der Schöpfung außer Kraft und erweckte ihren Bruder vier Tage nach seinem Tod wieder zum Leben. Auch hier können wir beobachten, dass sie etwas ersehnt hatte und bitter enttäuscht wurde; doch dann gab Jesus ihr viel mehr, als sie zunächst ersehnt hatte. Später werden wir sehen, dass sich dieses Muster noch einmal und in einer noch außerordentlicheren Weise wiederholt. Betrachten wir nun den feierlichen Augenblick, als Christus endlich in Bethanien eintraf:

> Bei seiner Ankunft fand ihn Jesus schon vier Tage begraben. Bethanien lag aber nahe bei Jerusalem, etwa fünfzehn Stadien. Viele von den Juden aber waren zu Martha und Maria gekommen, um sie über ihren Bruder zu trösten. Als nun Martha hörte, dass Jesus komme, ging sie ihm entgegen. Maria aber blieb im Hause sitzen. Da sprach Martha zu Jesus: „Wenn du hier gewesen wärest, wäre mein Bruder nicht gestorben. Aber auch jetzt weiß ich, dass dir Gott alles gewähren wird, um was du ihn bittest.“ Jesus sagte zu ihr: „Dein Bruder wird auferstehen.“ Martha sagte zu ihm: „Ich weiß, dass er auferstehen wird bei der Auferstehung am Jüngsten Tage.“ Jesus sprach zu ihr: „Ich bin die Auferstehung und das Leben. Wer an mich glaubt, wird leben, auch wenn er stirbt. Und jeder, der lebt und an mich

glaubt, wird in Ewigkeit nicht sterben. Glaubst du das?“ Sie sagte zu ihm: „Ja, Herr, ich glaube, dass du der Messias bist, der Sohn Gottes, der in die Welt kommen soll.“

Nach diesen Worten ging sie und rief ihre Schwester Maria, indem sie leise zu ihr sagte: „Der Meister ist da und ruft dich.“ Sobald sie das gehört hatte, stand sie geschwind auf und ging zu ihm. Jesus aber war noch nicht in das Dorf gekommen, sondern befand sich noch an der Stelle, wo Martha ihn getroffen hatte. Als nun die Juden, die bei ihr im Hause waren und sie trösteten, Maria so geschwind aufstehen und hinausgehen sahen, folgten sie ihr in der Meinung, sie ginge an das Grab um dort zu weinen. Sobald nun Maria dahin kam, wo Jesus weilte, und ihn sah, fiel sie ihm zu Füßen mit den Worten: „Herr, wärest du hier gewesen, dann wäre mein Bruder nicht gestorben“ (Joh 11,17–32).

Maria und Martha waren am Boden zerstört durch den Verlust ihres Bruders und durch die Tatsache, dass Jesus nicht gekommen war, um ihnen zu helfen. Sie müssen sich tausendmal gefragt haben, warum der Herr ihren Bruder sterben ließ. Bei dem Versuch, dem Geheimnis des Todes einen Sinn zu geben, werden sie durch die üblichen irrigen Gedanken versucht worden sein, die fast immer in einer von Trauer geplagten Seele auftauchen. Zuerst werden sie versucht haben, sich selbst irgendwie die Schuld zu geben für das, was geschehen war, danach anderen Leuten und dann vielleicht den Ärzten, die mehr hätten tun können, um ihrem Bruder zu helfen. Schließlich werden sie auf den Gedanken gekommen sein, dass womöglich der arme Lazarus selbst etwas getan haben könnte, womit er sein vorzeitiges Ende bewirkt habe. Vor allem aber werden sie von der gefährlichsten aller Versuchungen gequält worden sein, die der Ankläger unweigerlich irgendwann in das schmerzende menschliche Herz zu flüstern versucht, nämlich die Versuchung, an der Liebe des Herrn zu zweifeln.

Die Erbsünde hat uns eine falsche Vorstellung von Gott beschert, und weil die Sünde Leiden mit sich brachte, sind die Menschen immer versucht, sich in der Stunde der Finsternis gegen den Herrn aufzulehnen. Einerseits hatte diese Familie zutiefst die Liebe Gottes, die in Jesus Christus erschienen ist, erfahren und konnte Lazarus sogar mit Bestimmtheit als denjenigen bezeichnen, „den Jesus liebte"; aber in der Stunde der Finsternis neigen sogar die Erinnerungen an die Tröstungen, die wir von der Güte des Herrn schon erhalten haben, dazu, sich zu verbergen, und dann versucht der Teufel, uns zum Aufbegehren zu bringen und den guten Gott zu lästern. Wie im Fall des heiligen Ijob sagt uns der Geist der Welt, dass wir auf unsere Leiden schauen und dann „Gott fluchen und sterben" sollen (vgl. Ijob 2,9). Sind die Schwestern der Versuchung, Jesus die Schuld zu geben, erlegen oder haben sie weiterhin auf seine Güte vertraut? Über die Antwort können wir nur mutmaßen. Man kann sich kaum vorstellen, dass jemand mit einer so aufrichtigen und radikalen Liebe zu Jesus wie Maria Magdalena jemals in die Falle tappt, an der Güte des Herrn zu zweifeln.

Jedenfalls sagen beide Schwestern, sobald sie den Herrn endlich vor sich sehen, das Gleiche, nämlich, dass Lazarus noch leben würde, wenn Jesus anwesend gewesen wäre (vgl. Joh 11,21.32). Diese spontane Aussage verrät, was das Gesprächsthema und der vorherrschende Gedanke in ihren Köpfen gewesen sein muss. Es ist interessant festzustellen, dass nirgendwo in den Evangelien jemand stirbt, wenn der Fürst des Lebens anwesend ist. Darüber hinaus erweckt Jesus jedes Mal, wenn er mit einem toten Körper in Berührung kommt, diesen zum Leben. All dies gibt uns einen kleinen Ausblick darauf, was am Jüngsten Tag geschehen wird, wenn er die Toten aus ihren Gräbern rufen wird. Die Schwestern wussten dies und hielten es für unnötig, dass ihr Bruder hatte sterben müssen, wenn doch Jesus hätte kommen und ihn retten können. Sie zeigen im Grunde ihre Frustration über Leben und Tod in diesem Tal der Tränen. Jetzt kommt etwas Unerwartetes und Schönes jenseits aller Vorstellungskraft. Die Tränen von Martha hatten dem Herzen Jesu einen erhellenden Diskurs über die Identität des Messias sowie über den Grund zur Hoffnung angesichts von Tod und Trauer entlockt. Die Tränen Marias werden etwas viel Größeres bewirken:

> Als Jesus nun sah, wie sie weinte und wie die mit ihr gekommenen Juden weinten, war er im Innersten erregt und erschüttert und sagte: „Wo habt ihr ihn hingelegt?" Sie sagten zu ihm: „Herr, komm und sieh." Da weinte Jesus. Hierauf sagten die Juden: „Seht, wie lieb er ihn hatte." Einige aber von ihnen sagten: „Konnte er, der die Augen des Blinden geöffnet hat, nicht auch bewirken, dass dieser nicht starb?" Da wurde Jesus wiederum innerlich erregt und er ging zum Grab. Es war eine Höhle, die mit einem Stein verschlossen war (Joh 11,33–38).

Tränen vom Himmel

Jesus weinte! Dies ist die kürzeste und so berührende Zeile in der Heiligen Schrift. Jesus, der uns das unsichtbare Geheimnis Gottes offenbart, vergoss Tränen, als er das Leid seiner geliebten Freundin sah. Dies zeigt nicht nur, dass der Herr in seiner göttlichen Seligkeit unserem Kummer gegenüber nicht gleichgültig ist, sondern dass Christus ein Mensch ist. Er ist wahrhaftig und vollkommen menschlich und in seiner menschlichen Natur wohnt ein höchst mitfühlendes Herz. Durch ihre Gesten der Anbetung lehrt uns Magdalena etwas über seine Göttlichkeit, aber hier hat sie durch ihre Tränen für uns die größte Manifestation seiner Menschlichkeit erlangt.

In der Menschlichkeit Christi bewundern wir die Synthese aller menschlichen Vollkommenheiten und Tugenden im Vollzug. Er ist der stärkste aller Männer, der sich den mörderischen Behörden Jerusalems widersetzt und gegen die Mächte der Hölle selbst Krieg führt; und gleichzeitig ist er der sanftmütigste aller Männer, der so weit geht, in der Öffentlichkeit Tränen zu vergießen. Ein Mann weint nicht so leicht vor einer Menschenmenge, erst recht nicht ein Mann, der von Feinden umringt ist, die auf der Suche nach seinen Schwachpunkten sind. Ein Mann hat Angst, Tränen – und damit Schwäche oder Verletzlichkeit – zu zeigen und ein Mann, der Schwäche zeigt, ist wie ein Soldat, der mitten im Kampf seine Waffen streckt und sich ergibt. Doch hier ist Jesus zutiefst bewegt von den Tränen seiner Freundin Maria und so weint er einfach. Er ist zu frei, um sich wegen engstirniger menschlicher Meinungen über ihn Sorgen zu machen. Er lässt sich weder von den Erwartungen sündiger

Menschen leiten noch in seinem Handeln vom Druck seiner Gegner beeinflussen.[35]

Jede Handlung Jesu geschieht, um Gott, den Vater, zu erfreuen und den Menschen, der vor ihm steht, zu lieben. Er ist der vollkommene Mann, erfüllt von sanfter aber unbesiegbarer Kraft, die aus der vollkommenen Liebe kommt. Und nun offenbart er, dass er mehr ist als ein Mann, dass selbst die größten Männer, die die Welt je gekannt hat, nicht mit ihm in eine Reihe zu stellen sind. In ihm ist eine Macht, die diese Welt noch nie zuvor gesehen hat und nie wieder sehen wird. Und hier erhascht die Menschheitsgeschichte einen Blick auf jene Macht, die erst am Ende der Zeit vollständig freigesetzt werden wird:

> Jesus sagte: „Hebt den Stein weg.“ Martha sagte zu ihm: „Herr, er riecht schon. Er ist schon vier Tage tot.“ Jesus sagte zu ihr: „Habe ich dir nicht gesagt, dass du die Herrlichkeit Gottes sehen wirst, wenn du glaubst?“ Nun hoben sie den Stein weg, Jesus aber erhob seine Augen und sprach: „Vater, ich danke dir, dass du mich erhört hast. Ich wusste ja, dass du mich allzeit erhörst. Aber wegen des ringsum stehenden Volkes habe ich es gesagt, damit sie glauben, dass du mich gesandt hast.“ Und nach diesen Worten rief er mit lauter Stimme: „Lazarus, komm heraus!“ Da kam der Tote heraus, Füße und Hände in Binden gewickelt, und sein Gesicht war mit einem Schweißtuch umbunden. Jesus sagte zu ihnen: „Bindet ihn los und lasst ihn gehen“ (Joh 11,39–44).

---

[35] Vgl. Raymond Léopold Bruckberger OP, *Marie Madeleine* (Paris: La Jeune Parque, 1953), S. 102.

Die Heilige Schrift kleidet oft die außerordentlichsten Ereignisse in die einfachste Sprache, so wie der Heilige Geist einst das herrliche Ewige Wort in die demütige Gestalt unseres Fleisches kleidete. Es ist großartig zu beobachten, wie die Wunder der Menschwerdung, der Einsetzung der Eucharistie, der Passion und der Auferstehung mit sehr einfachen Worten beschrieben werden, oft ohne großen Aufbau oder dramatische Einleitung. Gottes Worte folgen nicht immer der gleichen literarischen Logik wie Menschenworte und hier beschreibt der Evangelientext die verblüffendsten Ereignisse mit den schlichtesten Worten. Die Auferweckung des Lazarus war ein Geschehen, das ganz Judäa in Erstaunen versetzte und zur Bestürzung der Pharisäer hätte die Nachricht davon vielleicht bald die ganze Nation davon überzeugt, dass der Messias gekommen war; dennoch wird sie von Johannes sehr sachlich beschrieben. Wir sollten nicht zulassen, dass wir durch den subtilen Gebrauch der Sprache die Bedeutung dieses Ereignisses unterschätzen. Ja, es stimmt: Schon Elija hatte einst jemanden durch sein Beten vom Tod auferweckt (vgl. 1 Kön 17,17–22), aber einen Mann vier Tage, nachdem er gestorben war, vom Tod zu erwecken, das war ungeheuerlich.

Jesus hatte zuvor gesagt, dass er sich darüber freue, dieses Zeichen zu tun, weil es seine Jünger zu tieferem Glauben führen würde (vgl. Joh 11,14–15). Es war das Superzeichen, das Jerusalem an den Punkt einer endgültigen Entscheidung brachte. Die Autoritäten mussten jetzt ein Urteil abgeben: Entweder erkannten sie die Beweise vor ihren Augen an und verkündeten die Ankunft des Messias oder sie behaupteten weiterhin, dass Jesus von Nazareth eine Art böswilliger Wundertäter unter dem Einfluss des Teufels und ein Gotteslästerer sei, der abgelehnt werden müsse. Dieses letztere Argument wurde nun immer schwächer, da jeder wusste, dass ein Dämon unmöglich tun konnte, was Jesus gerade getan hatte. Sogar einige der Pharisäer äußerten sich in der Richtung, dass er den Himmel auf seiner Seite haben müsse, wenn er solche Dinge tun könne (vgl. Joh 9,16).

Es gab zu viele Augenzeugen bei der Auferweckung des Lazarus, als dass die religiösen Führer hätten leugnen können, dass dieser Jesus ein Wunder von unvergleichlicher Bedeutung vor den Toren Jerusalems selbst gewirkt habe. Was würde er nicht noch alles tun?! Und was als Nächstes? Sie hatten ihm bereits mit Steinigung gedroht, aber schon war er dreist zurückgekehrt in diese Region und sein Einfluss geriet außer Kontrolle. Die Feinde Christi standen jetzt unter Druck. Sie wussten, dass sie alles in ihrer Macht Stehende tun mussten, und zwar schnell, um die Wirkung dieses Wunders einzudämmen und dem Leben Jesu so bald wie möglich ein Ende zu setzen, bevor er die Chance hätte, noch etwas in dieser Art zu tun.

> Viele nun von den Juden, die zu Maria gekommen waren und gesehen hatten, was er tat, glaubten an ihn. Einige aber von ihnen gingen zu den Pharisäern und erzählten ihnen, was Jesus getan hatte. Da riefen die Hohepriester und die Pharisäer den Hohen Rat zusammen und sagten: „Was sollen wir tun? Dieser Mensch tut viele Zeichen. Wenn wir ihn so weitermachen lassen, werden alle an ihn glauben. Dann werden die Römer kommen und uns den heiligen Ort und das Volk nehmen." Einer aber von ihnen, Kajaphas, der in jenem Jahr Hohepriester war, sagte zu ihnen: „Ihr versteht überhaupt nichts. Ihr bedenkt nicht, dass es besser für euch ist, wenn ein einziger Mensch für das Volk

> stirbt, als wenn das ganze Volk zugrunde geht.“ Das sagte er nicht aus sich selbst; sondern weil er der Hohepriester jenes Jahres war, sagte er aus prophetischer Eingebung, dass Jesus für das Volk sterben werde. Aber er sollte nicht nur für das Volk sterben, sondern auch, um die versprengten Kinder Gottes wieder zu sammeln. Von diesem Tag an waren sie entschlossen, ihn zu töten (Joh 11,45–53).

Ihre letzte Chance, die allgemeine Befürwortung ihres Vorhabens zu erreichen, bestand darin, sich – als Vorwand für die Beseitigung des unberechenbaren Galiläers – auf die Notwendigkeit zu berufen, den Tempel, die Herrlichkeit ganz Israels, zu schützen. Sie mussten einen Weg finden, das Volk zu erschrecken, indem sie es glauben machten, das Wirken dieses Menschen werde den Zorn der Römer provozieren. Mit der Zerstörung des Tempels aber wäre Gottes prächtige Wohnstätte aus dem Land verschwunden, und dieser Gedanke war für alle furchterregend.

Die Hohepriester, die auf diese Weise argumentierten, hatten keine Ahnung, dass sie in Wirklichkeit den Rest des Sanhedrins zwangen, eine Wahl zwischen zwei Tempeln zu treffen (Joh 2,21). Jesus selbst war der neue Tempel, der Ort der Realpräsenz Gottes auf Erden. Der Leib Jesu war der von Gott Vater und seinem Heiligen Geist entworfene Tempel und mit seinem Eintritt in die Welt war der von Menschenhand erbaute Jerusalemer Tempel dazu bestimmt, bald zu vergehen. Als Maria Magdalena ganz spontan den Leib Jesu verehrte, war sie eine sichtbare Verkörperung der Antwort, die Gott von der ganzen Menschheit erwartete. Sie ließ sich nicht von der Spitzfindigkeit der Hohepriester und der religiösen Experten Jerusalems beirren. Sie hatte sich für den wahren und bleibenden Tempel entschieden. In der Anbetung der göttlichen Person Jesu Christi hatte ihr Herz gefunden, wofür es geschaffen war, und die Zufriedenheit, nach der es sich gesehnt hatte.

Mit Liebe auf das eucharistische Antlitz Jesu schauen ist das, was auf Erden dem ekstatischen Blick der beseligenden Schau im Himmel am nächsten kommt. Im Leib Christi hat sich der dreimalheilige Gott selbst anschaubar gemacht für die Sünder hier auf Erden. Die Ursünde und die persönlichen Sünden hatten unseren Intellekt verdunkelt und uns unfähig gemacht, Gott mit dem geistigen Sehvermögen des Verstandes zu erkennen. Geistlich gesehen waren wir wie ein armer Mensch, der lange Zeit in einer dunklen Höhle gelebt hat und nicht sofort in die Mittagssonne hinausgehen kann. Er muss sich erst wieder daran gewöhnen, das Licht zu sehen. Unser Geist muss sich daran gewöhnen, das Licht Gottes zu erblicken, damit wir einmal in die Glut seiner Herrlichkeit eintreten können, wenn wir sterben. Zu diesem Gewöhnungsprozess gehört es, durch Kontemplation gereinigt zu werden. Die Anbetung der heiligen Menschheit des Ewigen Wortes, Jesus Christus, ist das Heilmittel für unser geistliches Sehvermögen, das Gott, unser Vater, für uns vorbereitet hat. Jesu Fleisch, das wie unser eigenes vom Staub der Erde genommen wurde, ist wie der heilende Teig, der dem blinden Mann im Evangelium auf die Augen gestrichen wurde (vgl. Joh 9,6–7). Je mehr wir das göttliche Licht erblicken, das sich sanft durch seine Menschlichkeit offenbart, desto mehr wird uns unser mystisches Sehvermögen zurückgegeben. Sogar ohne die notwendigen Reinigungen durchlaufen zu haben, bevor wir unmittelbar Gottes Herrlichkeit zu schauen vermögen, haben wir in Jesus bereits begonnen, Gott zu sehen. Bei der Anbetung des heiligen Antlitzes Jesu, das auf dem Berg Tabor verklärt wurde und wie die Sonne strahlte, können wir gleichsam mit unseren sündigen Augen die göttliche Sonne bestaunen, ohne zu erblinden! In diesem kontemplativen Blick auf Christus werden wir sanft und mit Freude auf den Tag vorbereitet, an dem wir die göttliche Wesenheit im Himmel ganz enthüllt sehen werden. Dies ist die Freude des neuen Tempels, den Gott Vater der Welt verlieh, indem er uns den Leib Christi gab. Dies ist die Freude der eucharistischen Anbetung!

Infolge dieses erstaunlichen Wunders in Bethanien begann die Obrigkeit auch über eine mögliche Hinrichtung des unschuldigen Lazarus zu beraten (vgl. Joh 12,10–11), trotz seiner Popularität und des Respekts, den er in Judäa genoss. Sein Zeugnis würde ihnen für immer ein Ärgernis sein, und wie unschuldig auch immer er sein mochte: Zeugnis für Jesus Christus abzulegen, war für sie ein todeswürdiges Verbrechen. Nach dem Motto „Verzweifelte Zeiten erfordern verzweifelte Maßnahmen" waren sie zu allem bereit, um Menschen von dem Glauben abzuhalten, dass Jesus der Messias sei. Im Wissen um die Verschwörung gegen ihn und im Bewusstsein, dass seine Stunde noch nicht gekommen war, ging Jesus „nun nicht mehr öffentlich unter den Juden umher, sondern ging von dort weg in die Landschaft nahe der Wüste, in eine Stadt namens Ephraim. Dort blieb er mit seinen Jüngern" (Joh 11,54).

Die Macht der Liebe

Die wunderbare Auferweckung des Lazarus scheint aus dem mitfühlenden Herzen Jesu vor allem durch die Tränen seiner geliebten Magdalena hervorgerufen worden zu sein. Solche Wunder wirkt Jesus für die Herzen, die ihn zutiefst lieben. In der Eucharistie bleibt diese ehrfurchtgebietende Kraft Christi auch heute in der Welt gegenwärtig und manchmal lässt er uns ein wenig davon sehen. Vom heiligen Dominikus wird erzählt, dass er einmal einen Verstorbenen durch die Feier der heiligen Messe und das Vergießen vieler Tränen vor dem eucharistischen Antlitz Jesu zum Leben erweckt hat. Manchmal wirkt unser Herr diese Wunder physischer Ordnung als Zeichen, aber zu allen Zeiten wirkt er Wunder übernatürlicher Ordnung.

Vor einigen Jahrzehnten bewirkte der eucharistische Herr in der Stadt Paris die wunderbare geistliche Auferstehung eines berühmten atheistischen Journalisten namens André Frossard. Er war in einer kommunistischen Familie aufgewachsen und glaubte überhaupt nicht an die Existenz Gottes. Dann, eines Tages, betrat er eine Kapelle der ewigen Anbetung und suchte nach einem Freund, den er dort hatte eintreten sehen. Er hatte keine Ahnung, was für eine Art von Kapelle das war, und als er hineinging und zum Altar blickte, bemerkte er eine Gruppe von Menschen, die alle um etwas herumknieten, das aussah wie ein „goldener Gegenstand mit einem weißen Kreis in der Mitte", umgeben von Kerzen. In dem Augenblick, als er auf die Monstranz blickte, hörte er eine innere Stimme flüstern: „Geistliches Leben". Auf der Stelle erhielt er eine geistige „Infusion" der Geheimnisse des heiligen katholischen Glaubens. Er glaubte nicht nur all das, was wir glauben, sondern er empfing auch die Gnade, tiefe göttliche Geheimnisse zu durchdringen und zu verstehen.[36] Der Heilige Geist verwandelte sein inneres Leben auf wunderbare Weise. Dabei schrieb er weiterhin für eine der bekanntesten französischen Zeitungen, *Le Figaro*, und wurde zu einer der stärksten Stimmen der christlichen Wahrheit im zwanzigsten Jahrhundert in Frankreich. Durch seine Schriften leuchtete das Licht des Glaubens auch in schwierigen Tagen für die Kirche in diesem Land weiter und all dies geht auf den Moment zurück, in dem ein Strahl eucharistischer Kraft ihn vom geistlichen Tod zur Fülle des Lebens erhob.

Die Gebete der treuen Seelen vor dem Allerheiligsten Sakrament in dieser Kapelle, bei Tag und Nacht, trugen außergewöhnliche Frucht in der Bekehrung dieses großen Gottesmannes.

Aus der Stille seiner eucharistischen Wohnstätte heraus ist Jesus „noch immer am Werk“ (Joh 5,17), aber sein Werk wird gewöhnlich durch die Gebete eines liebenden Herzens ermöglicht, das es versteht, in seiner Gegenwart zu bleiben und für die Welt Fürsprache zu halten. Jesus kann unabhängig von uns Wunder wirken, aber er möchte, dass wir an seiner verursachenden Kraft teilhaben, und deshalb macht er oft bestimmte Gnaden von unserer Fürsprache abhängig. Überall auf der Welt werden Geschichten von Bekehrungen oder geistlichen Auferstehungen erzählt, die Anbeter und Anbeterinnen aus dem eucharistischen Herzen Jesu erhalten haben. Wo immer ein „Lazarus“ von den Toten auferstanden ist, gibt es sehr oft

[36] André Frossard, *Gott existiert, ich bin ihm begegnet* (Freiburg: Herder,1970), S. 136–138.

eine weinende „Magdalena“, die dies herbeigeführt hat. Wir können das im Leben des heiligen Augustinus und der heiligen Monika beobachten sowie in zahllosen anderen im Laufe der Jahrhunderte.

5

Die prophetische Verkündigung der Passion

Ein paar Wochen nach der Auferweckung des Lazarus – und etwas mehr als eine Woche vor seinem eigenen Tod – nahm Jesus Abschied von der ruhigen Stadt Ephraim, wo er einen guten Teil des Monats März zugebracht hatte. Die herrlichen Frühlingsblumen standen inzwischen ringsherum in voller Blüte und die Apostel waren dankbar, dass sie eine Zeit lang in Frieden zu Füßen des Meisters verweilen konnten. Nun aber wies Jesus sie an, sich auf die Pilgerreise zum Paschafest nach Jerusalem vorzubereiten. Beklemmung erfasste die Herzen der Apostel, die sich der Gefahren einer solchen Reise voll bewusst waren –, nicht nur für Jesus, sondern auch für sie selbst als seine Nachfolger. Der Herr versicherte ihnen jedoch, dass dies der Wille des Vaters sei, und das war alles, was zählte.

Auf dem Weg über Jericho (vgl. Lk 19,1) kamen er und seine Apostel schließlich wieder nach Bethanien, wo sie sich vor dem Betreten der Heiligen Stadt ausruhen wollten. Bei seiner Ankunft im Dorf wurde Jesus von den Bewohnern herzlich willkommen geheißen. Der gleiche Eifer, der Christus in den frühen Tagen seines öffentlichen Wirkens in Kafarnaum entgegengebracht worden war, begegnete ihm in diesem Dorf und im Haus Simons des Aussätzigen, den er einige Zeit zuvor geheilt hatte, wurde ein großes Festmahl für ihn vorbereitet. Hier salbte Maria Magdalena die Füße Christi ein zweites Mal, und zwar auf eine noch extravagantere Weise als bei der früheren Salbung in Galiläa. Auf den ersten Blick scheint es eine leichte Unstimmigkeit zwischen den verschiedenen Evangelien hinsichtlich der Chronologie der zweiten Salbung zu geben. Bei genauerem Hinsehen stellen wir jedoch fest, dass die synoptischen Evangelien keine präzise chronologische Darstellung dieser Salbung liefern, sondern uns zeigen wollen, dass es eine Verbindung gibt zwischen dem, was beim Festmahl in Bethanien geschieht, und der Entscheidung des Judas, Christus an diejenigen zu verraten, die ihn töten wollten. Diese wussten, dass er zum Paschafest in die Heilige Stadt kommen würde, aber sie wussten auch, dass der Ort dann von rauflustigen Galiläern wimmeln würde, die – wenigstens zum großen Teil – Jesus immer noch als Propheten betrachteten und im Falle seiner öffentlichen Verhaftung imstande sein könnten, einen Aufruhr auszulösen (vgl. Mk 14,1–2). Trotz der dringenden Notwendigkeit, Jesus so bald wie möglich zu beseitigen, waren die Hohepriester bereit, zu warten, bis sich die Lage nach dem Paschafest wieder beruhigt haben würde. Doch dann tauchte plötzlich in ihrer Mitte einer von Christi eigenen

Jüngern auf, der enttäuscht und verbittert letzten Endes – nach dem, was er gerade in Bethanien erlebt hatte – dazu getrieben worden war, seinen eigenen Meister zu verraten ... Was war bei dem schicksalhaften Festmahl geschehen, das Teil des Hintergrundes für die Feier der Karwoche ist?

Das kostbare Salböl der Liebe

Johannes berichtet uns, dass Jesus sechs Tage vor dem Paschafest in Bethanien eintraf, und es scheint, als sei das Festmahl kurz nach seiner Ankunft für ihn bereitet worden. Wir können davon ausgehen, dass es an dem Abend vor Christi triumphalem Einzug in Jerusalem stattfand. Während die synoptischen Evangelisten dieses Ereignis als eine königliche Salbung des Hauptes Christi darstellen, bevor er – durch Leiden und Tod hindurch – sein Königreich in Besitz nimmt, will Johannes uns mitteilen, dass es sich nicht nur um eine Salbung seines Hauptes, sondern auch seiner Füße handelte. Hier nun die Einzelheiten, von denen Johannes nicht wollte, dass sie jemals vergessen würden:

> Sechs Tage vor dem Paschafest kam Jesus nach Bethanien, wo Lazarus war, den er von den Toten auferweckt hatte. Dort bereiteten sie ihm ein Mahl; Martha bediente und Lazarus war unter denen, die mit Jesus bei Tisch waren. Da nahm Maria ein Pfund echtes, kostbares Nardenöl, salbte Jesus die Füße und trocknete sie mit ihrem Haar. Das Haus wurde vom Duft des Öls erfüllt. Doch einer von seinen Jüngern, Judas Iskariot, der ihn später verriet, sagte: „Warum hat man dieses Öl nicht für dreihundert Denare verkauft und den Erlös den Armen gegeben?“ Das sagte

er aber nicht, weil er ein Herz für die Armen gehabt hätte, sondern weil er ein Dieb war; er hatte nämlich die Kasse und veruntreute die Einkünfte. Jesus erwiderte: „Lass sie, damit sie es für den Tag meines Begräbnisses tue. Die Armen habt ihr immer bei euch, mich aber habt ihr nicht immer bei euch."

Viele Juden hatten erfahren, dass Jesus dort war, und sie kamen, jedoch nicht nur um Jesu willen, sondern auch um Lazarus zu sehen, den er von den Toten auferweckt hatte. Die Hohepriester aber beschlossen, auch Lazarus zu töten, weil viele Juden seinetwegen hingingen und an Jesus glaubten (Joh 12,1–11).

Einige Kommentatoren mutmaßen, diese kostbare Salbe könnte vielleicht vom Begräbnis des wohlhabenden Lazarus übrig geblieben und nun von seiner Schwester als eine Geste der Dankbarkeit für dessen Auferstehung verwendet worden sein. Möglicherweise handelt es sich auch um das letzte Gefäß kostbaren Salböls aus Marias früherem Leben; und denkbar wäre auch noch, dass sie sich angeregt fühlte, es speziell für Jesus zu kaufen. Was diese verschiedenen Möglichkeiten betrifft, so wissen wir nichts Sicheres, aber wir wissen – und das haben wir der Gier und der Empörung des Judas zu verdanken –, dass die Salbe oder das wohlriechende Öl, das Maria hier verwendete, außerordentlich wertvoll war: Dreihundert Denare – das war der Wert eines Jahreseinkommens! Heute würden wir von einem der seltensten und kostbarsten Parfüms der Welt im Wert von Tausenden und Abertausenden von Dollars sprechen, das in einem Augenblick vergossen wird. Diese reine und unverfälschte Narde wurde aus der Speichenähre gewonnen und, um seine Wirksamkeit zu erhalten, in einem luftdichten Alabastergefäß aufbewahrt. Manchmal wurde ein solches Gefäß im Grab eines geliebten Verstorbenen bei der Beerdigung zerschlagen. Dieses seltene und kostbare Duftöl dürfte von irgendwo aus dem Osten auf die Märkte Jerusalems importiert worden sein.

Johannes beleuchtet für uns den außergewöhnlich großzügigen Charakter dieser Salbung und stellt klar, dass sie von „Maria von Bethanien" vollzogen wurde, was die synoptischen Evangelisten nicht preisgeben. Dass die Frau, die diese höchst ungewöhnliche Handlung vollzieht, identisch mit der Sünderin der ersten Salbung ist, lässt sich nur schwer anzweifeln. Doch ohne Johannes hätten wir nie erfahren, dass die zweite Salbung von Maria von Bethanien vorgenommen wurde. Sicherlich waren sowohl Markus als auch Matthäus mit Maria von Bethanien und ihrer prominenten Familie vertraut, aber sie berichten einfach nur, dass eine Frau Jesus gesalbt habe. Die Heilige Schrift ist geheimnisvoll und wir wissen nicht, warum die Identität bestimmter Menschen manchmal nicht klar und deutlich zum Ausdruck gebracht wird. Wir können also feststellen, dass das Argument, Lukas identifiziere die Sünderin nicht ausdrücklich mit Maria, nicht ausreicht, um die Identifikationstheorie zu verwerfen.

Eine weitere stille Prophezeiung

Es ist schön, die stille Kühnheit der Heiligen zu betrachten, während sie sich der allheiligen Gegenwart Christi nähert. Sie sagt nichts, denn das, was sie tut, ist zu heilig, um mit unbeholfenen menschlichen Worten vermischt zu werden. Sie lässt allein ihre Liebe reden und wieder einmal ist es eine Prophezeiung: Durch ihre Geste der Liebe offenbart Gott der Welt, dass die Stunde der Erlösung gekommen ist. Das unbefleckte Fleisch des Lammes ohne Makel wird bald durchbohrt werden – um unserer Sünden willen. Jesus allein kann diese Prophezeiung interpretieren, die eine so feierliche Botschaft für die Menschheitsgeschichte enthält.

Was da zwischen ihnen geschah, ist – wie der heilige Peter Julian Eymard sagte – das, was in der eucharistischen Anbetung geschieht: Es ist der stille „Dialog der Liebe" zwischen der Seele und Christus; ein stiller gegenseitiger Blick der Liebe, „Tiefe ruft der Tiefe zu" (vgl. Ps 41,8 LXX), und ein Bund entsteht zwischen einer menschlichen Seele und einer göttlichen Person mit einer menschlichen Natur. Maria weiß, dass sie ständig von anderen verurteilt, aber von Christus verstanden wird, dessen Augen das Herz und nicht nur die äußere Erscheinung sehen. Da er sie vor sich sieht, weiß Jesus, dass diese schöne Seele weit mehr zu verstehen vermag als so viele andere, weil sie das Geheimnis der Liebe gelernt hat. Sie hat von seiner Mutter die heilige Kunst gelernt, im Stillen das Geheimnis der Liebe zu erwägen, das Jesus Christus ist. Es gibt ein gegenseitiges Verständnis zwischen tiefen Seelen und ihrem Meister. Der Gute Hirte kennt seine Schafe und seine Schafe kennen ihn. Während der allsehende Blick Jesu im Speiseraum von Bethanien die Herzen aller durchdringt, sieht er viele Dinge, die ihm missfallen. Er sieht Weltlichkeit, Eigennutz, ja sogar Verrat, aber da ist ein Herz, das echt ist und ihn nur wissen lassen möchte, wie viel seine Gegenwart ihr bedeutet. Während andere beschäftigt und von Ablenkungen zerstreut sind, blickt Jesus in die Tiefen des Herzens Mariens und findet etwas von dem, was er im Herzen seiner Mutter gefunden hat: Er findet die Aufmerksamkeit für seine Gegenwart, die Aufmerksamkeit der Liebe. Er findet Anbetung.

Einige Kirchenväter haben eine Symbolik entdeckt in den Angaben der Evangelisten, die von diesem Ereignis berichten. Wenn wir die verschiedenen Beschreibungen des Salböls zusammenfassen, können wir sagen, dass Maria kommt und ein kostbares Alabastergefäß mit reinem oder unverfälschtem, extrem kostspieligem Narden Duftöl trägt. Das griechische Wort, das hier für „rein" oder „unverfälscht" benutzt wird, kann auch mit „echt" übersetzt werden. Sein Ursprung kommt von dem Wort für „treu" oder „vertrauenswürdig". Der Inhalt dieses Kruges steht symbolisch für das, was Jesus sieht, wenn er in das Herz Magdalenas blickt: Sie ist treu und echt! Tausende anderer Jünger könnten dazu verführt werden, Christus zu verraten, aber niemals sie! Wir sind alle schon Seelen wie dieser begegnet, deren Liebe zu rein und zu stark ist, um ihren Geliebten zu verraten. Ihr liebendes, treu ergebenes Herz wird symbolisiert durch das kostbare duftende Öl, und als sie so vor den Herrn tritt, ist ihre Liebe wie ein lieblich duftendes Opfer. Es ist wie ein frischer Trank kühlen Wassers für ein göttliches Herz, das wie ausgetrocknet ist vom Durst nach Liebe.

Christus ist in diese Welt gekommen, um zu offenbaren, wie sehr Gott die Menschen liebt und wie sehr er danach verlangt, geliebt zu werden. Den Mystikern im Laufe der Jahrhunderte gab er zu verstehen, dass sein letzter Schrei: „Mich dürstet!" die Enthüllung des unendlichen Sehnens Gottes nach unserer Liebe ist. Er erklärte sogar, dass dieser verzehrende göttliche Durst immer gegenwärtig bleibe im Allerheiligsten Sakrament, wo Christus fortwährend auf unsere Gegenwart und unsere Liebe wartet. Im Herzen Magdalenas fand der göttliche Herr so etwas wie die Liebe eines Engels, wie einen Blick in den Himmel.

Im Mittelalter sahen die Mönche berühmter Abteien – wie etwa *Le Barroux* in Frankreich – in der heiligen Maria Magdalena ein Vorbild für die menschliche Antwort auf die göttliche Liebe. Sie lehrten, dass der Duft unserer Liebe zu Gott, wenn er unverfälscht bleiben soll, von dem luftdichten „Alabastergefäß" häufigen Schweigens umgeben sein muss. Zu viele Zerstreuungen und weltliche Wünsche lassen unsere Liebe zu Gott verdunsten, und wie uns das Leben Magdalenas lehrt, bleibt der Duft der Liebe nur durch die heilige, schweigende Betrachtung Christi unversehrt. Sie war die Frau, die „etwas Schönes" für Christus getan hat, etwas, das eines ewigen Gedächtnisses würdig ist, weil sie zuvor die Frau war, die still zu seinen Füßen saß und seinem Wort lauschte.

Ein lebendiges Opfer, das Gott gefällt (vgl. Röm 12,1)

Magdalena war nie eine, die sich allzu sehr darum kümmerte, was die Leute von ihr denken. Vor ihrer Bekehrung wirkte diese Haltung auf andere wie eine Art selbstsüchtiger Rücksichtslosigkeit, doch nach ihrer Bekehrung wurde diese Haltung durch die Gnade erhöht und zu einer kostbaren Tugend. Heilige zeichnen sich dadurch aus, in allen ihren Handlungen Gott erfreuen zu wollen. Manche Menschen kommen nicht weit auf dem Weg zur Heiligkeit, weil sie zu sehr an ihrem Ansehen hängen und ängstlich besorgt sind, was andere von ihnen denken könnten, wenn sie aus Liebe zu Gott etwas Besonderes tun. Sie können den Willen Gottes verfehlen, weil die Angst sie dazu versklavt, das zu tun, was andere von ihnen erwarten. Die rücksichtslose Freiheit Magdalenas wurde von Christus verwandelt in eine heilige Freiheit, Gott allein zu dienen.

In den Salbungsberichten wird diese heilige Rücksichtslosigkeit Magdalenas erkennbar. Obwohl es damals für eine Frau ernsthaft verpönt war, ihre Haare in der Öffentlichkeit zu lösen, tut sie es, um ihre Liebe zu Jesus zu zeigen. Die ganze Welt mag sie für verrückt halten, aber wenn Jesus mit ihr zufrieden ist, dann ist sie glücklich. In der ersten Salbung benutzte sie ihr Haar, um Christi Füße zu trocknen, die sie mit ihren Tränen benetzt hatte; jetzt, bei der zweiten, benutzt sie ihr Haar, um das überschüssige Salböl abzutrocknen, das sie über seine heiligen Füße gegossen hat. Selbst den Aposteln war die grenzenlose Freiheit dieser Frau wahrscheinlich unangenehm, aber Maria tut, was sie tut, nicht, um ihnen, sondern um Jesus Christus allein zu gefallen. Ihr langes Haar – früher das Symbol ihrer Schönheit – in dieser demütigen Weise zu verwenden, symbolisiert nun die Darbringung all dessen, was sie ist und was ihr am kostbarsten ist, als lebendige Opfergabe für Gott. Das ist wahre Anbetung: alles, sogar das Leben selbst, Gott zum Geschenk zu machen.

Manche Seelen erhalten die besondere Gnade, sich selbst – gleich zu Beginn ihrer persönlichen Beziehung zu Jesus – auf radikale Weise hinzugeben. Der selige Charles de Foucauld gehört dazu. Er war ein großer Verehrer der heiligen Magdalena und besuchte regelmäßig ihre Grotte in La Sainte-Baume. Auch er hatte früher das wildeste Leben geführt, das man sich vorstellen kann, und wurde bekehrt, als ein Priester ihn praktisch zur Beichte nötigte. Im Augenblick der Lossprechung verschwanden all seine Zweifel und er wusste mit Gewissheit, dass Gott existiert. Von diesem Moment an gab er sich dem Herrn im heiligen Zölibat hin und wollte nichts anderes mehr, als für Gott allein zu leben. Er sagte: „Sobald ich glaubte, dass es einen Gott gibt, verstand ich, dass ich nichts anderes tun konnte, als für ihn allein zu leben."[37] Magdalena scheint eine ähnliche Erfahrung gemacht zu haben. Vom Augenblick ihrer Bekehrung an konnte sie nur noch eines: sich ganz Gott hingeben. Von diesem Zeitpunkt an war alles – ihr Geld, ihre Schönheit, ihr ganzes Leben – ausschließlich für Jesus allein da. Sie hatte sich durch die Liebe so innig mit dem Herzen Christi vereint, dass sie auch mit seinem Leiden und seinem Tod verbunden sein würde, um am Ostersonntagmorgen an den ersten Früchten seiner Auferstehung teilzuhaben.

Das neue Allerheiligste

In einem früheren Kapitel war schon die Rede vom heiligen Leib Christi als dem neuen Tempel für die Menschheit. Sein Fleisch ist der Ort, wo Gott in dieser Welt wahrhaft wohnt. Wenn Jesus im Johannesevangelium von seinem Leib als dem neuen Tempel sprach, gebrauchte er ein Wort, das sich nicht auf den ganzen Tempel mit seinen verschiedenen Bezirken, sondern speziell auf das innere Heiligtum, das sogenannte Allerheiligste bezieht, den Ort, an dem die Gegenwart des Herrn zu finden war (vgl. Joh 2,19–21).

[37] Charles de Foucauld, *Un temps Avec Charles de Foucauld: 1858–1916*, ed. Philippe Baud (Paris: Éditions du cerf, 1998), S. 7.

Die Geschichte dieses heiligen Ortes geht zurück auf die Begegnung zwischen Gott und Mose in der geheimnisvollen Wolke auf dem Berg Sinai. Dort empfing Mose Anweisungen für den Bau des Offenbarungszeltes, das einen inneren Raum für die Bundeslade haben sollte. Die Bundeslade enthielt unter anderem etwas von dem Manna, dem Brot vom Himmel, das die Israeliten in der Wüste genährt hatte. Im äußeren Teil des Zeltes war ein Tisch mit Schaubroten aufgestellt (vgl. Ex 25,23–30). Das hebräische Wort *lechem haPanim* bedeutet wörtlich: *Brot des Angesichts*, das heißt Brot, das sich vor Gottes Angesicht befindet, und wird daher auch übersetzt mit: *Präsenzbrot* oder *Brot der Gegenwart*. Nachdem das Offenbarungszelt errichtet war, erfüllte die heilige Wolke, die Gottes Gegenwart auf Erden anzeigte, den ganzen Raum, um zu bestätigen, dass Gott nun auf besondere Weise dort Wohnung genommen habe (Ex 40,34). Viele Jahre später wurde diese heilige Wohnstätte Gottes in den Tempel von Jerusalem verlegt. Während der Tempelweihe kehrte die ehrfurchtgebietende Wolke auch in diesen Raum ein, um sichtbar zu machen, dass Jerusalem nun der Ort sei, an dem Gottes Herrlichkeit auf Erden wohne (vgl. 1 Kön 8,10–11). Diese geheimnisvolle Herrlichkeit der Gegenwart Gottes wurde als *Schekina* bekannt. Das jüdische Volk liebte es, sich diesem Ort zu nähern, aber gleichzeitig fürchteten sich die Gläubigen – im Bewusstsein ihrer eigenen Unwürdigkeit – auch vor der majestätischen Gegenwart Gottes und hätten es nicht gewagt, dem Allerheiligsten zu nahe zu kommen.

Jesus lehrte, dass das Offenbarungszelt, das zu bauen Gott dem Mose aufgetragen hatte, eine Vorbereitung auf sein Kommen in die Welt gewesen sei: Nun würde sein heiliger Leib unser wahres Allerheiligstes werden. Sein Leib ist unendlich heiliger als jedes Gebäude und dennoch hat er uns durch das Geheimnis der Menschwerdung erlaubt, uns ihm ohne Angst zu nähern. Denn wir haben die volle Wahrheit über seine liebende Barmherzigkeit erkannt, angefangen von dem Augenblick, als Gott im Schoß Mariens Fleisch annahm und seine blendende Herrlichkeit verhüllte. Er ist immer noch der unendlich heilige Gott, aber in seiner Barmherzigkeit hat er sich armen Sündern zugänglich gemacht. Wenn wir mit Demut und Aufrichtigkeit zu ihm kommen, werden wir niemals abgewiesen. In seiner wunderbaren Predigt über das Brot des Lebens tröstet Jesus unsere ängstlichen Herzen mit folgenden liebevollen Worten: „Alles, was der Vater mir gibt, wird zu mir kommen, und wer zu mir kommt, den werde ich nicht abweisen; denn ich bin nicht vom Himmel herabgekommen, um meinen Willen zu tun, sondern den Willen dessen, der mich gesandt hat. Es ist aber der Wille dessen, der mich gesandt hat, dass ich keinen von denen, die er mir gegeben hat, zugrunde gehen lasse, sondern dass ich sie auferwecke am Letzten Tag“ (Joh 6,37–39).

Magdalena ist von dieser liebevollen Wärme des Heiligsten Herzens so angezogen, dass sie ihre eigene Sündhaftigkeit vergisst und sich kühn dem göttlichen Herrn nähert, um ihn zu salben. Es ist interessant festzustellen, dass im Alten Testament Priester, Propheten und Könige gesalbt wurden, und wir können die Salbung des Hauptes Christi durch Magdalena als ein Zeichen dafür sehen, dass seine priesterliche, königliche und prophetische Sendung sich bald in Jerusalem erfüllen würde. Es gab im Alten Testament auch eine Salbung des Allerheiligsten. So wie wir heute unsere Altäre mit heiligem

Öl salben, so wurde damals das Offenbarungszelt samt seinem Inhalt gesalbt (vgl. Lev 8,10). Maria Magdalena salbte das neue Allerheiligste, das durch das Paschamysterium allen Sündern zugänglich werden sollte.

Ein weiteres interessantes Detail über das Allerheiligste des Alten Bundes besteht darin, dass der Priester zweimal täglich süß duftenden Weihrauch auf dem Tisch darbrachte, auf dem sich die *Brote der Gegenwart* befanden. Der duftende Weihrauch erfüllte dann das ganze Heiligtum, ähnlich wie der süße Duft des Nardenöls das ganze Haus zu Bethanien erfüllte. Einer der Bestandteile des süßen Weihrauchs war Narde.[38] Mit der Salbung des neuen Allerheiligsten wird eine ganz neue Ordnung eingeführt. Wenn wir die Geste Maria Magdalenas im Licht dieses alttestamentlichen Vorausbildes für den Leib Christi betrachten, lehrt uns der Heilige Geist vielleicht, dass es wirklich auf den süßen Duft unserer liebevollen Anbetung in der Realpräsenz des heiligen Leibes Jesu Christi ankommt.

Der heilige Leib Jesu ist gegenwärtig im Himmel zur rechten des Vaters und auf Erden in der heiligsten Eucharistie, worin wir die neutestamentliche Erfüllung der alttestamentlichen *Brote der Gegenwart* im Offenbarungszelt erkennen dürfen. Wie Maria Magdalena können wir nun beherzt in das Heiligtum eintreten und uns in der Gegenwart des Einen freuen, der uns willkommen heißt und wünscht, dass wir bei ihm sind. Ist es doch seine „Freude, bei den Menschenkindern zu sein" (vgl. Spr 8,31). Ein demütiges, reuevolles Herz, erfüllt von Liebe zu Jesus in der Eucharistie, ist der süß duftende Weihrauch, auf den das ganze Alte Testament hingewiesen hat.

---

[38] *Talmud, Keritot* 6a.

Wenn Jesus von seinem Leib als dem Tempel oder dem Allerheiligsten sprach, meinte er vor allem seinen auferstandenen Leib (Joh 2,19). Dieser auferstandene Leib war nicht nur dazu bestimmt, während der vierzig Tage zwischen der Auferstehung und der Himmelfahrt unser Allerheiligstes auf Erden zu sein; dieser auferstandene Leib ist immer bei uns, bis zum Ende der Zeit, im Heiligsten Sakrament. Alle zukünftigen Generationen sollten durch die Eucharistie mit dem auferstandenen Leib Jesu in Berührung kommen. Der heilige Thomas von Aquin schrieb einmal, das Haupt Christi symbolisiere seine Gottheit und die Füße seine Menschheit. Indem wir beide anbeten, vollbringen wir heute eine mystische Salbung des Herrn.[39] Wir müssen unsere Augen schulen, damit sie lernen, den eucharistischen Schleier zu durchdringen und in die Augen des Gottmenschen zu blicken. Ihn gesehen zu haben bedeutet, den Ewigen Vater gesehen zu haben, und ihn in der eucharistischen Anbetung mit Liebe zu betrachten, wirklich gegenwärtig im Fleisch, bedeutet, nicht nur sein Haupt, sondern auch seine Füße zu salben (Joh 14,9).

Ein Gegenpol zur Liebe

Die Prophetin der Liebe, Maria Magdalena, sagte durch die Salbung in Bethanien die unmittelbar bevorstehende Passion und den Tod des Gotteslammes voraus. Sie wusste wahrscheinlich nicht, warum sie tat, was sie tat; sie folgte einfach den Eingebungen der Liebe, die in ihrem Herzen aufstiegen, und genau auf diese Weise kam sie mit dem göttlichen Willen in Einklang. Jesus wusste, dass binnen weniger kurzer

[39] Thomas von Aquin, *Kommentar zum Johannes-Evangelium*, 1599.

Tage sein Leib tot und beerdigt sein würde. Bald würde er die grausamste aller Folterungen erleiden und die beklemmende Erwartung dieser Leiden hatte bereits begonnen, seine Seele zu belasten. In Bethanien jedoch umgab ihn in dieser Zeit der Betrübnis so etwas wie tröstender Balsam: die Liebe Maria Magdalenas. In der ersten Salbung war Marias Liebe dazu aufgerufen, die Unterlassungen des Pharisäers wiedergutzumachen; in der zweiten war ihre Liebe dazu aufgerufen, eine dem Herzen Jesu weitaus schmerzhaftere Wunde wiedergutzumachen. Die besondere Art und Weise, wie Magdalena Christus verehrt, bringt zum Vorschein, was in den Herzen derer, die sie beobachten, verborgen ist: zuerst die Selbstgerechtigkeit eines Pharisäers, dann die zerstreute Besorgtheit ihrer übermäßig aktiven, allerdings aufrichtigen Schwester. Bei der Salbung in Bethanien schließlich wird durch sie das Gift, das im Herzen des Judas verborgen war, an die Oberfläche gebracht. Anbetung und Liebe zu Jesus machen häufig die geheimen Gedanken vieler Herzen offenbar. Im Herzen des Judas befand sich in Wahrheit ein heftiger Widerstand gegen die Wege Christi. Die geistlichen und geheimnisvollen Wege Jesu hatten ihn bitter enttäuscht: Jesus von Nazareth hatte den Erwartungen des Judas an den Messias nicht entsprochen. Was er wollte, war ein starker Mann, der die Menge für seine Sache gewinnen und sie dazu führen würde, Jerusalem von den Römern zurückzuerobern und die Dynastie Davids glorreich wiederherzustellen.

Einem solchen Vorhaben war Jesus schon einmal ganz nahe gewesen – ein Jahr zuvor in Galiläa –, als er auf wundersame Weise fünftausend Männer speiste, die bereit waren, ihn nach Jerusalem zu tragen und ihn zum König von Israel auszurufen. Dies war der Anfang einer potenziellen Armee, die sich um den Herrn scharte. Sie hätten bald damit beginnen können, Pläne zur Machtergreifung in Israel zu schmieden, und wenn gewisse alte Prophezeiungen richtig interpretiert würden, dann könnte das messianische Königreich schon bald auf alle Nationen übergreifen. Judas würde Jesus zur Seite stehen und dazu beitragen, all diese glorreichen Siege zu erringen. Wie untröstlich war er jedoch, als Jesus alle Popularität und jeden potenziellen Ruhm mit dieser seltsamen und unverständlichen Predigt über das Essen seines Fleisches und das Trinken seines Blutes zunichtemachte (vgl. Joh 6,54). Am Ende dieser Predigt war Judas voller Zorn und empfand den überwältigenden Wunsch, aus Protest zusammen mit den galiläischen Menschenmassen von Jesus wegzugehen; aber irgendwie zwang er sich dann doch zum Bleiben. Damals hatte Jesus warnend darauf hingewiesen, dass einer der Zwölf wie ein Teufel werden würde (vgl. Joh 6,71).

Nun war ein Jahr vergangen und seitdem hatte Judas erleben müssen, wie ein Traum nach dem anderen zerschlagen wurde. Er sah langsam ein, dass Jesus niemals an die Macht kommen würde, denn er hatte die Behörden in Jerusalem gegen sich aufgebracht, indem er Dinge sagte und tat, von denen er wusste, dass er sie damit in Empörung versetzen würde. Judas erkannte, dass er sein Leben riskierte, indem er Jesus nachfolgte. Als er sich schon an der Schwelle zum Ausscheiden befand, hatte er begonnen, immer mehr aus der gemeinsamen Kasse zu stehlen, um sich für die Zukunft zu rüsten und die Verluste der vergangenen drei Jahre, in denen er nicht hatte arbeiten können, auszugleichen. Ja, er verstand es, für die Zukunft zu planen und gut für sich selbst zu sorgen, und eben diese Eigenliebe war die Wurzel seines Untergangs. In Bethanien kam dann der Moment, der ihn dazu trieb, Christus nicht nur zu verlassen, sondern ihn für Geld zu verraten.

Johannes stellt Magdalena und Judas als zwei polare Gegensätze dar. Erstere liebt Christus mehr als ihr eigenes Leben; Letzterer liebt sich selbst mehr als Christus oder irgendetwas sonst auf der Welt. Die eine würde alle geben, was sie besitzt, um Jesus zu helfen; der andere geht so weit, ihn zu bestehlen. Die eine ist vollkommene Freigebigkeit; der andere ist gierige Selbstsucht. Die eine liebt Christus und zeigt es öffentlich, ohne sich darum zu kümmern, was andere über ihre Gesten denken mögen; der andere denkt immer über die Meinungen anderer nach und überlegt, wie er sich am besten vor allem Schaden schützen kann.

Als Maria Jesus salbte, war es wahrscheinlich nicht das erste Mal, dass ihr Verhalten Judas reizte. Vermutlich dachte er von Anfang an, dass es für das Ansehen der Gruppe besser wäre, wenn diese berüchtigte Frau nicht mit ihnen wandern würde. Natürlich dachten die Leute ihretwegen schlecht über sie. Wieder zurück in Galiläa hatte es diesen peinlichen Zwischenfall im Haus des Pharisäers gegeben. Damals hatte Judas das Gleiche gedacht wie der Pharisäer: dass ihre Liebesbekundungen unangemessen seien. In Bethanien jedoch waren ihre Handlungen nicht nur unangemessen, sondern verschwenderisch und Judas konnte nicht mehr an sich halten wegen ihrer Dummheit.

Ein Schrei der Entrüstung entwich seinen Lippen und sein Protest schlug sich in den Herzen der Anwesenden nieder (vgl. Mt 26,8). Es war ein Augenblick von ewiger Bedeutung.

Das Mindeste, was Judas von Jesus erwartete, war, dem zuzustimmen, dass es vielleicht nützlicher gewesen wäre, das Duftöl zu verkaufen und mit dem Erlös die Armen zu speisen, die ihm immer so sehr am Herzen zu liegen schienen; aber zu seinem Erstaunen verteidigte Jesus erneut die Taten dieser unwürdigen Frau, so wie er sie schon vor dem Urteil des Pharisäers und vor Marthas völlig vernünftiger Beschwerde verteidigt hatte. Und Jesus verteidigte sie nicht nur, sondern befahl Judas, sie „in Ruhe zu lassen“ (Joh 12,7), ihr keinen Kummer mehr zu bereiten. In diesem Moment ging die apostolische Reise des Judas zu Ende. Sein verletzter Stolz konnte die Entscheidung Jesu nicht länger ertragen, solche Leute in seiner Nachfolge haben zu wollen. Er hätte Judas an seiner Seite haben können, einen umsichtigen und fähigen Mann, der ihm geholfen hätte, die einflussreichste Person in der Geschichte Israels zu werden, doch stattdessen entschied er sich aus freien Stücken für diese elende Frau! Den Rest des Essens verbrachte er in unangenehmem Schweigen, bevor er sich schließlich von der Gruppe wegschlich, kochend vor Zorn.

Wenn Judas das nächste Mal bei den Synoptikern vorkommt, steht er vor dem Hohepriester und fragt ihn, welchen Preis er bereit sei, ihm für das Leben Jesu zu zahlen (vgl. Mt 26,14–15). Er feilscht wie auf einem Marktplatz und schafft es, einen Handel abzuschließen für den verächtlichen Preis, den man für das Leben eines Sklaven zahlen würde [wenn dieser von einem Rind getötet worden wäre] (vgl. Ex 21,32). Aus dem Tempelschatz wurde ein Geldbeutel mit Münzen – der gewöhnlich für den Kauf von Opfertieren benutzt wurde – für den Hohepriester vorbereitet, der auf diese Weise von Judas das Lamm für das letzte gültige Opfer in Israel beschaffte. Jesus wurde höchstwahrscheinlich am Freitag, dem 7. April des Jahres 30, getötet, am vierzehnten Tag des Monats Nisan, dem Tag, an dem die Pascha-Lämmer in Jerusalem geschlachtet wurden.[40] Die Opfertiere mussten am zehnten Tag des Nisan gekauft werden (vgl. Ex 12,3), was der Montag der heiligen Woche gewesen wäre. In der geheimnisvollen Kette der Ereignisse, die zur Passion führten, wäre es nicht verwunderlich, wenn es der Montag der Karwoche gewesen wäre, an dem Judas über seine dreißig Silberstücke verhandelte. Es ist schockierend, wenn man bedenkt, dass das Leben Gottes so billig verkauft wurde und dass Judas einen Beutel voller Münzen der Freundschaft Christi vorzog. Doch auch heute noch: Wie leicht sind Menschen zum Verrat bereit und trennen sich vom Herrn?! Sie verlieren sowohl die Freude, das göttliche Leben in ihren Seelen zu besitzen, als auch eine Ewigkeit unvorstellbaren Glücks. Und wofür? Für das bedauernswerte Vergnügen eines Augenblicks.

Am Abend, bevor er die Königsstadt betrat, zurückgelehnt bei Tisch in Bethanien, wusste Jesus genau, was Judas für ihn empfand und was er im Begriff war zu tun. Die Bitterkeit dieses Verrats brach ihm das Herz, aber er wollte den Verräter nicht vor allen bloßstellen. Er würde Warnungen aussprechen und ihm jede Chance geben, sich zu ändern und gerettet zu werden, doch leider ist jemand, der aus einer solchen Höhe fällt, oft am schwersten wieder zurückzuholen. Eines der größten Leiden Christi begann sein Herz zu durchbohren: das Wissen darum, dass es Seelen geben würde, die seine Gnade bis zum Schluss zurückweisen und in ihrem Hass auf seinen

---

[40] Andres Fernandez SJ, *The Life of Christ* (Westminster, Md.: Newman Press, 1958), S. 68.

göttlichen Willen sterben würden. Das Geheimnis der Bosheit im Herzen des Judas verkörpert all das, was in der menschlichen Natur am abstoßendsten ist und für das Jesus zu sterben bereit war. Doch als er die Aufrichtigkeit der liebevollen Verehrung Maria Magdalenas sah, konnte er für einen Moment vergessen, dass er sich in der Gegenwart eines verräterischen Diebes befand. Der Entschluss, durchzuhalten und zuzulassen, dass sein eigenes Blut für die Rettung von Seelen wie der ihren vergossen wird, übertraf die Bitterkeit der Erkenntnis, dass es Seelen gibt, für die sein Blut vergeblich vergossen werden würde. Als die Zeit für die Entscheidungsschlacht kam und er seiner Todesangst in Gethsemani entgegenging, lag noch immer der herrliche Duft von Narde in der Luft, der ihn an alles erinnerte, was in der gebrochenen menschlichen Natur der Erlösung wert ist. Um diese zerstörte Schönheit zu ihrer ewigen Vollkommenheit zurückzubringen, war er bereit, sein Leben hinzugeben.

Das „Denkmal" verschwenderischer Liebe

Die Salbung Christi durch Maria Magdalena lehrt uns, wie sehr Jesus der größten Opfer und der stärksten Ausdrucksformen unserer Liebe würdig ist. Nur weil die liebevolle Geste der Magdalena so außergewöhnlich war, sprechen wir heute noch darüber, wie Jesus es vorausgesagt hat (vgl. Mk 14,9). Sicherlich wurde er viele Male gesalbt, aber keine Salbung war so der Erinnerung würdig wie diese. Lauheit ist sehr schnell vergessen, glühende Hingabe nie. Ihr Beispiel spornt uns an, Christus nicht auf mittelmäßige, sondern auf ganz außergewöhnliche Art und Weise zu lieben, mit konkreten Zeichen und Ausdrucksformen dafür, wie viel er uns bedeutet. Ja, sie hätte dieses Duftöl verkaufen und das kleine Vermögen für viele andere Dinge nutzen können, aber die Liebe ließ sie alles an Jesus verschwenden. Die Liebe wird geliebt in Bethanien! Christus verdient nur das Beste, doch sehr oft lassen wir es an Großzügigkeit ihm gegenüber fehlen. Anstatt ihm das Kostbarste zu geben, vor allem unsere wertvolle Zeit, die wir opfern, um im Gebet bei ihm zu sein, geben wir ihm häufig nur das bisschen Zeit, das uns noch bleibt, nachdem wir zuerst all die anderen Dinge getan haben, die uns Freude bereiten. Wir verbringen unsere ganze Zeit damit, für das zu arbeiten, was vergeht, und nicht für das, was ewig währt (vgl. Joh 6,27).

Selbst im Herzen der Kirche mangelt es nicht selten an Großzügigkeit gegenüber der realen Gegenwart Christi in der Eucharistie. Der heilige Leib, den Maria salbte, bleibt im Heiligsten Sakrament unter uns bis zum Ende der Zeit, aber wie oft finden wir verlassene Kirchen, in denen sich niemand mehr die Zeit nimmt, vor dem Tabernakel zu beten! Manchmal entmutigen sogar Priester ihre Pfarrangehörigen, eucharistische Anbetung zu organisieren. Wenn sie Menschen sehen, die Zeit mit Jesus verbringen möchten, rufen sie mit Judas aus: „Wozu diese Verschwendung?" Anstatt sie zu bitten, ihre Zeit zu Ehren der göttlichen Majestät Christi zur Verfügung zu stellen, würden einige Priester die Gläubigen lieber dazu überreden, ihre gesamte Freizeit mit der Teilnahme an Projekten und Versammlungen zu verbringen. Wie viel Zeit wurde schon auf nutzlose Aktivitäten verschwendet, die nichts dazu beigetragen haben, mehr Seelen zu Christus zu bringen, während die Quelle der Gnade, Christus selbst, nicht einmal über seinen Willen für seine Kirche im Gebet befragt wurde? Jesus verdient ein Festmahl unserer Zeit und Liebe, aber häufig geben wir ihm nichts als die Reste. Zeit, die dem Herrn oder der aufmerksamen, ehrfürchtigen Feier der Liturgie geschenkt wird, ist nie vergeudet, sondern trägt immer zur Rettung der Welt und zur echten Erneuerung der Kirche bei.

Etwas Schönes für Christus

Wir sollten nicht nur Christus unsere Zeit schenken, sondern auch dafür sorgen, dass alles, was mit der Eucharistie zu tun hat, wirklich schön ist. Manche behaupten, Jesus wünsche gar nicht, dass kirchliche Gelder für Gebäude und Liturgie ausgegeben werden, aber sie scheinen zu vergessen, dass sie auf diesem Weg die Logik des Judas teilen, der vom Herrn selbst zurechtgewiesen wurde. Göttliche Anbetung erfordert das Allerbeste von dem, was wir anbieten können. Jesus hat sich erniedrigt, um in der Eucharistie bis zum Ende der Zeit bei uns zu bleiben, und wir sollten alles tun, was wir können, um ihn auf jede erdenkliche Weise zu verherrlichen. Manchmal kann man erleben, dass Menschen, die selber in großem Komfort wohnen, es missbilligen, wenn Geld für die schöne Gestaltung der eucharistischen Anbetung ausgegeben wird. Sie sind glücklich, in großzügig angelegten Häusern zu leben, während der Tabernakel in einem der göttlichen Gegenwart unwürdigen Zustand ist. Wir können nur mutmaßen, was Magdalena sagen würde, wenn sie die Hässlichkeit und Kargheit einiger unserer modernen Gotteshäuser und Tabernakel zu Gesicht bekäme. Einige Pfarreien sind sogar zu knauserig, um die Gegenwart des Herrn mit Blumen und Kerzen – die traditionsgemäß unseren Glauben und unsere Liebe symbolisieren – zu umgeben.

Leute, die meinen, keine Zeit und kein Geld für den Unterhalt des Gotteshauses aufbringen zu können, täten gut daran, beim heiligen Johannes Maria Vianney in die Schule zu gehen. Dieser französische Pfarrer aß nichts anderes als ein paar Pellkartoffeln täglich und trug verschlissene Kleidung, doch er scheute keine Kosten, wenn es um das Allerheiligste Sakrament ging. Er ging mit dem ganzen Geld der Pfarrei nach Lyon und konnte kaum eine Monstranz finden, die großartig genug war für die Anbetung des eucharistischen Herrn. Im Alten Bund sollte das jüdische Volk jährlich je einen halben Schekel beisteuern, um das Offenbarungszelt zu verschönern, und es wurde ihm versprochen, dass dieser Beitrag „den Israeliten zur Erinnerung vor dem Herrn dienen" würde (vgl. Ex 30,16). Diejenigen, die heute dazu beitragen, eucharistische Anbetung schön zu gestalten, werden sicherlich wegen ihrer großzügigen Glaubensbekundung an die Realpräsenz Christi in „Erinnerung vor dem Herrn" bleiben. Im Laufe der Jahrhunderte hat sich das gläubige Volk Gottes immer wieder daran erfreut, Opfer bringen zu dürfen, um Jesus im Allerheiligsten Sakrament seinen Glauben und seine Liebe zu erweisen. Nichts, was wir dem Herrn geben, ist jemals vergeudet, denn er belohnt jedes Opfer mit hundertfacher Großzügigkeit.

Heute wird viel über das wunderbare Geschenk des priesterlichen Zölibats debattiert und die Welt versucht, die Kirche davon zu überzeugen, dass ein solches Opfer aus Liebe zu Jesus eine Verschwendung sei. Es wird argumentiert, dass wir nur ein Leben haben und es nicht wegwerfen sollten, indem wir auf die Ehe verzichten. Immer wenn ein begabter junger Mensch, der vielleicht etwas Großes in der Welt tun könnte, auf die natürliche Ehe verzichten will, um des höheren Gutes einer geistlichen Vermählung mit Gott willen, kann man Menschen sagen hören: „Was für eine Verschwendung!" Solche Aussagen sind verständlich, wenn sie von Leuten kommen, die keinen Glauben haben, doch niemals sollte so eine Art zu denken ihren Weg in die Kirche finden. Der priesterliche Zölibat ist eine machtvolle Gabe, von der die heilige katholische Kirche weiß, dass sie sie zu bewahren hat. Wir sollten uns freuen, wenn wir erleben, dass ein Leben aus Liebe zu Jesus hingegeben wird. Je schöner es ist, was ihm zu Ehren dargebracht wird, desto besser! Ebenso sollte es für die Kirche nichts Erfreulicheres geben, als eine junge Frau zu sehen, die Christus über alles liebt und bereit ist, in ein Kloster einzutreten, um aus Liebe nur für ihn allein zu leben. Es ist, wie wenn man eine Rose pflückt, um sie neben den Tabernakel zu stellen. In gewisser Weise hat die Rose damit aufgehört zu leben und wird bald verwelken, aber sie wurde ausgewählt, um dem edelsten aller Zwecke zu dienen. Gesegnet ist die Rose, die aus der Welt mit all ihren Eitelkeiten entwurzelt wurde, um eine Braut Christi zu werden. Dies ist jene radikal hingabefreudige Liebe, zu der uns das Beispiel Maria Magdalenas und das Lob Christi selbst auch heute noch aufrufen.

Durch das Beispiel der Liebe führen

„Sie hat getan, was sie konnte“ (Mk 14,8). Dies ist das Urteil Christi über Maria Magdalenas Tun. Wie schön wäre es, wenn der gerechte Richter eines Tages das Gleiche auch von uns sagen würde. Jesus erwartet nichts Unvernünftiges, aber am Ende unseres Lebens sollten wir sagen können, dass wir unser Bestes getan haben, dass wir vielleicht schwach waren, aber jedenfalls Jesus treu geliebt haben. Dann können wir hoffen, jene tröstlichen Worte zu hören, die Christus im Buch der Offenbarung an seine Gläubigen richtet: „Ich kenne deine Werke und ich habe vor dir eine Tür geöffnet, die niemand mehr schließen kann. Du hast nur geringe Kraft und dennoch hast du an meinem Wort festgehalten und meinen Namen nicht verleugnet“ (Offb 3,8).

Die heilige Faustyna kam zu der Erkenntnis, dass es nicht die scheinbare Größe unserer Arbeit ist, die wirklich zählt, sondern vielmehr die Liebe, mit der wir sie ausführen. Sie schrieb in ihr Tagebuch:

> Heute habe ich verstanden: Wenn ich auch nichts von dem vollbringe, was der Herr von mir verlangt, so weiß ich doch, dass ich belohnt werde, als hätte ich alles vollbracht; denn er sieht die Meinung, mit der ich beginne, und sollte er mich heute zu sich nehmen, wird das Werk keinen Schaden daran nehmen, denn er selbst ist der Herr des Werkes und des Ausführenden. An mir liegt es, ihn maßlos zu lieben. Alle Werke sind vor ihm nur ein kleiner Tropfen, die Liebe aber hat Bedeutung, Kraft und Verdienst. Er hat in meiner Seele weite Horizonte enthüllt; die Liebe gleicht Abgründe aus.[41]

[41] Faustyna Kowalska, *Tagebuch* (Hauteville/Schweiz: Parvis-Verlag, 2000) Nr. 822.

Heiligkeit besteht in erster Linie darin, Jesus treu zu lieben, oder – wie die heilige Faustyna es ausdrückte – ihn bis zur Torheit zu lieben! Manche Seelen, wie etwa der selige Charles de Foucauld, haben während ihres Lebens keine außergewöhnlichen Dinge in der Kirche vollbracht. In ihnen brannte einfach das Feuer der Liebe zu Jesus Christus und das reichte aus für ihre Seligsprechung. Wie wenige Menschen lieben Christus wirklich mit einer selbstvergessenen Liebe! Wie selten und wie kostbar ist eine Seele wie Magdalena: treu, einfach und aufrichtig! Eine Seele wie diese ist für das Leben und die Sendung der Kirche wertvoller als tausend andere. Jesus selbst sagt uns, dass, wo immer auf der ganzen Welt die Frohe Botschaft gepredigt werde, auch die Liebe dieser Frau zu ihm als ein wesentlicher Teil der Geschichte erzählt werden würde! Sie ist der biblische Prototyp frommer Seelen, die ihre Hingabe durch konkrete Akte der Liebe ausdrücken. Auf solche Seelen wird oft von den angeblich kultivierteren Menschen herabgeschaut, aber je mehr wir die heilige Magdalena betrachten, desto mehr lernen wir, sehr vorsichtig zu sein mit der Beurteilung von Menschen, die ihre Liebe zu Jesus öffentlich bekunden.

Das Wort „Frömmigkeit“ hat oft einen negativen Beigeschmack, aber wir sollten nicht vergessen, dass Frömmigkeit eine Gabe des Heiligen Geistes ist. Es stimmt, dass pharisäische, aufmerksamkeitsheischende Zurschaustellungen von Frömmigkeit niemals lobenswert sind, aber wenn aufrichtige Liebe übersprudelt in konkrete Ausdrucksformen der Hingabe, sind solche Taten sehr verdienstvoll. Nur Jesus, der das Herz sieht, kann gerecht urteilen und deshalb sollten wir uns aller Urteile über andere Menschen enthalten und jeder harten Kritik an frommen Andachtsformen. Wenn wir versucht sind, gegenüber frommen Seelen Strenge walten zu lassen, sollten wir uns an die Worte Christi zur Verteidigung Magdalenas erinnern: „Lass sie in Ruhe. Sie hat ein gutes Werk an mir getan."

In der Salbung Christi lehrt Maria alle, die ihr dabei zusehen, welche Art von Liebe und Anbetung die Gegenwart Jesu verdient. Der herrliche Duft, Symbol ihrer Liebe, der das ganze Haus erfüllt, ist etwas, das die Anwesenden niemals vergessen werden. Wenn in unseren Tagen so viele innerhalb der Kirche nicht mehr wissen, wie man Christus lieben soll, und wenn seine lebendige Gegenwart im Allerheiligsten Sakrament so schlecht behandelt und ignoriert wird, müssen die Anbeterinnen und Anbeter das ganze Haus der Kirche mit dem Duft ihrer Liebe erfüllen. Wir brauchen „Magdalenen der Eucharistie", deren Beispiel der „Verschwendung" von Zeit und Energie durch längere Anbetungszeiten andere lehren wird, dass Christus wirklich gegenwärtig ist und dass er die fortwährende Gegenwart seiner Kirche vor ihm verdient.

Der Glaube an die eucharistische Gegenwart Christi wird oft vermittelt oder zerstört durch physische Gesten anderer. Viele Geschichten bestätigen dies. Ein zeitgenössischer Apostel der Eucharistie, dessen Bescheidenheit es nicht zulässt, dass man ihn beim Namen nennt, erzählte einmal, wie er zum Glauben an das Allerheiligste Sakrament kam. Er war ein noch sehr junger Ministrant, der ausgewählt worden war, bei einer eucharistischen Prozession eine Kerze zu tragen. Man hatte ihm zwar von der wirklichen Gegenwart Jesu erzählt, aber er weigerte sich, daran zu glauben. Während der Prozession geschah es, dass ein Mann, der die Prozession und Christus im Allerheiligsten Sakrament auf sich zukommen sah, aus seinem Auto sprang und sich auf der Straße vor der Monstranz zu Boden warf. Der kleine Junge schaute zu dem Mann und dann wieder zu der Monstranz – und empfing das Geschenk eines unerschütterlichen Glaubens an die Eucharistie. Dieser Glaube, der sein Leben veränderte, war die Folge einer Geste, die auf manche Passanten drastisch übertrieben gewirkt haben mag, jedoch zu einem starken Kanal für die göttliche Gnade wurde. Der Glaube wird vermittelt durch Hören und Sehen! Ähnliches erlebte der Erzbischof Fulton Sheen: Die wahre Geschichte über ein junges chinesisches Mädchen, das seine Liebe zum Allerheiligsten Sakrament auf sehr berührende Weise zum Ausdruck brachte, ergriff ihn so sehr, dass er die Entscheidung traf, keinen Tag mehr ohne Anbetung verstreichen zu lassen. Wenn doch unsere Eucharistiefeiern in den Pfarreien mehr dazu beitragen würden, auch visuell das Feuer des eucharistischen Glaubens und der eucharistischen Liebe zu vermitteln.

Es ist jedoch nicht nur das sichtbare Beispiel anbetender Personen, das andere bewegt; es sind auch die unsichtbaren Gnaden, die durch deren treue Liebe zu Jesus erlangt werden. Der Herr tut mehr, als wir überhaupt hoffen oder uns vorstellen können, wenn wir aus Liebe zu ihm Opfer bringen. Ich wurde einmal aufgefordert, in der Domgemeinde einer bedeutenden französischen Stadt die ewige eucharistische Anbetung einzuführen. In Frankreich hatte sich die Glaubenskrise so schlimm ausgewirkt, dass die Anbetung jahrzehntelang an vielen Orten völlig verschwunden war. Der Pfarrer dieser speziellen Pfarrei jedoch glaubte, dass die ewige Anbetung in seiner Pfarrei einfach beginnen müsse. Er wollte nichts weniger als eine ununterbrochene Kette der Liebe vor dem Allerheiligsten und war bereit, alles zu tun, um dies zu erreichen. Kurz bevor ich dort eintraf, fand in dieser Gemeinde die Beerdigung eines wahren modernen Heiligen statt. Während der turbulenten Phase der zweiten Hälfte des zwanzigsten Jahrhunderts hatte diese eine treue Seele nicht aufgehört, das Allerheiligste Sakrament zu lieben und anzubeten. Er hatte es irgendwie fertiggebracht, von seinem Pastor einen Schlüssel für die Kirche zu bekommen, und ging ganz auf eigene Faust jeden Donnerstagabend in die Kirche. Dort verbrachte er dann die ganze Nacht ausgestreckt vor dem Tabernakel. Im Winter war es bitterkalt in der Kirche; aber das Feuer der Liebe in der Seele dieses Mannes war zu stark, als dass es von einem solchen Hindernis hätte gebremst werden können, und jahrzehntelang hielt er so die Gnade der eucharistischen Anbetung in dieser Region lebendig. Der Eintritt dieses Mannes in die unmittelbare Anbetung im himmlischen Jerusalem hat sicherlich einen großzügigen Gnadenregen auf die gesamte Pfarrei herabströmen lassen; es musste da eine Verbindung geben zwischen seiner Treue und der Einführung der immerwährenden eucharistischen Anbetung. Große Siege in der Kirche werden immer in der Verborgenheit eines treuen Herzens errungen, bevor sie sichtbar werden. Vielleicht beschließt der Herr absichtlich, die Früchte, die das Gebet eines Menschen hervorbringt, bis zu dessen Ankunft im Himmel zu verbergen, wo eine unvorstellbare Feier seiner Errungenschaften auf ihn wartet.

6

Die erste Trösterin Jesu und Mariens

Die Liebe triumphiert inmitten des Hasses und das Licht leuchtet heller, wenn es von Finsternis umgeben ist. Wir haben gesehen, wie Magdalenas Liebe immer stärker wurde, sodass – als die Empörung des Judas kurz davorstand, sich im Verrat zu manifestieren – ein Herz zur Stelle war, um das Heiligste Herz zu trösten. Als die Feinde Jesu die letzte Phase ihres grausamen Plans organisierten, trat sein Herz voll reinster Liebe ein in die letzte Phase seines eigenen Plans für das Leben der Welt. Während die Soldaten unter Judas' Führung in Richtung Gethsemani aufbrachen, vermachte Christus in einer Ekstase der Liebe der Welt seinen letzten Willen und sein Testament: das unaussprechliche Geheimnis der Eucharistie. Das schlimmste Verbrechen in der Geschichte der Menschheit wurde so von Jesus innerlich in den größten Akt der sich selbst hingebenden Liebe verwandelt. Er nahm das Kreuz und das Vergießen seines Blutes vorweg in der Einsetzung des Neuen Bundes, der für alle Zeiten die Kraft und die Seligkeit der Kirche ist. Das göttliche Blut wurde im Voraus als ein verwandelndes Geschenk dargebracht, bevor niederträchtige Männer die Chance hatten, es zu vergießen. Hass war von Liebe überlistet und zunichtegemacht worden. Dank der vorweggenommenen Darbringung der Eucharistie wurde das größte Verbrechen der Menschheitsgeschichte zum rettenden Opfer, das die Welt heiligt.

Konntet ihr nicht wachen?

Mit dem Vermächtnis des kostbaren eucharistischen Blutes, das der Kirche hinterlassen wurde, begann die Passion. Die Soldaten nahmen ihr Opfer fest und das barmherzige heilige Antlitz, das Maria Magdalenas einzige Herzensfreude war, wurde bis zur Unkenntlichkeit entstellt. Doch während er noch zu Tisch saß und bevor das Licht des Abends von der Dunkelheit verschlungen wurde, waren Jesu Gedanken nicht auf sich selbst gerichtet, sondern vielmehr darauf, die Herzen seiner Brüder zu trösten. „Euer Herz lasse sich nicht verwirren" (Joh 14,1). Wie ein guter Vater, der seine Kinder bald verlassen muss, um in den Krieg zu ziehen, ihre kleinen Herzen sanft mit Worten der Liebe auf die Trennung vorbereitet, so war es auch bei Jesus, bevor er in den Kampf der Passion zog. Sobald das lichtvolle Mysterium des Letzten Abendmahls gefeiert worden war, während die eucharistischen Gestalten noch in den Herzen der Apostel und sie mit Frieden erfüllt waren, und nachdem der Verräter schließlich ihre Gemeinschaft verlassen hatte, begann Jesus, seinen Aposteln die tiefste und intimste Wahrheit über seine Liebe zu offenbaren (vgl. Joh 13–14). Es ist, als habe das Geschenk der ersten heiligen Kommunion ein neues Tor zu einem tieferen Verständnis erschlossen: einem tieferen Verständnis sowohl seiner unendlichen Liebe als auch der Liebe, die er von seinen Freunden erwartet.

Während des lang ersehnten Abends, nachdem die Eucharistie gespendet worden war, wiederholte Jesus nicht, was er früher zu der Menschenmenge gesagt hatte: „Liebe deinen Nächsten wie dich selbst"; vielmehr gab er den Aposteln das weit erhabenere Gebot: „Liebt einander, wie ich euch geliebt habe" (Joh 15,12). Seine Worte werden immer wärmer und wärmer, je näher der Augenblick seines Exodus rückt. Als die erste eucharistische Danksagung beendet war, forderte Jesus seine neuen Priester auf, sich vom Tisch zu erheben, denn sie müssten sich auf den Weg machen. Ohne weitere Erklärung darüber, wo sie hingingen, schritt Jesus mit seinen Freunden in die Nacht hinaus und fuhr fort, über das Geheimnis zu sprechen, das sich gerade in der heiligen Kommunion ereignet hatte. Die faszinierten Apostel wussten, dass dies einer jener Momente war, in denen sie nicht zu viele Fragen stellen, sondern einfach nur zuhören und innerlich aufnehmen sollten. Erst später würde der Geist der Wahrheit die Bedeutung des Schatzes enthüllen, den ihre Erinnerungen bargen. „Ich bin der Weinstock, ihr seid die Reben" (Joh 15,5), erklärte Jesus feierlich, als sie auf dem Weg ins Kidrontal an einigen kleinen Weingütern vorbeikamen. Noch waren die Lippen der Apostel vom göttlichen Lebenssaft seines eucharistischen Blutes gerötet, als Jesus ihnen erklärte, wie er durch ihre Herzen hindurch lieben könne, damit auch sie wirklich in der Lage wären, so zu lieben, wie er sie liebt, und eines Tages „viel Frucht“ (Joh 15,5) bringen würden. Die freudige Erinnerung an diese Ausgießung sakramentaler Gnade und göttlicher Liebe sollte sich jedoch bald für die Apostel mit Tränen und Reue vermischen.

Als sie in dem Garten angekommen waren, in den Jesus sie schon oft zum Abendgebet geführt hatte, ereignete sich vor Petrus, Jakobus und Johannes etwas äußerst Beunruhigendes. Auch die anderen acht Apostel hatten eine Veränderung an Jesus bemerkt: Als sie sich dem Ölberg näherten, erschien ein besorgter Blick auf seinem gewöhnlich heiteren und freundlichen Antlitz. Jesus hatte sie aber beim Eingang des Gartens zurückgelassen, denn sie wären nicht in der Lage gewesen, den Anblick dessen, was geschehen würde, zu ertragen. Nur die drei Auserwählten, in deren Erinnerung noch das Licht des Tabor nachschimmerte, durften den Herrn begleiten, als sich das volle Ausmaß der Zerbrechlichkeit zeigte, die er in unserem Namen angenommen hatte. Zum ersten Mal in den drei Jahren schien der Meister zusammenzubrechen und von einer Traurigkeit, deren Ursache er nicht nannte, erdrückt zu werden. Alles, worum er sie bat, war, wach zu bleiben und zu beten. Dazu waren die drei Apostel bereit. Als die Stunden vergingen und die Qualen Jesu immer stärker wurden, erfasste eine dunkle Vorahnung auch ihre Seelen; nur der Schlaf erlaubte ihnen, dem ein wenig zu entkommen. Während Jesus in der Stille noch inständiger betete, wurde er von Visionen gequält, die so schrecklich waren, dass der Schweiß, der von seiner Stirn strömte, sich rot färbte (vgl. Lk 22,44). Der Schlaf der Apostel war unruhig, voll von bösen Bildern und höhnischen Gedanken darüber, wie vergeblich ihr Glaube an Jesus gewesen sei, wie sie in die Irre geführt worden seien und sich vom heiligen Volk Israel selbst abgetrennt hätten. Es war die Stunde des Anstoßes und die zeitweilige Herrschaft der Finsternis (vgl. Mt 26,31; Lk 22,53).

Unschuld trifft auf Schuld

Was geschah an diesem Abend im Geist und in der Seele Jesu Christi? Welche Qual könnte so groß sein, dass sie Schweißperlen in Ströme von Blut verwandelt? Es war die Nacht, in der der Sündenlose um unseretwillen zur Sünde wurde (2 Kor 5,21). Vor der Gerechtigkeit Gottes nahm das unschuldige Lamm meine und deine Schuld auf sich, als ob es seine eigene wäre. Dort in Gethsemani, dem Ort, an dem einst Oliven zu Öl gepresst wurden, wurde die Seele Jesu zermalmt, damit wir eines Tages das heilende Öl der Barmherzigkeit empfangen könnten. Er stand vor dem Vater mit der ungeheuren Last all meiner Sünden auf seiner Seele. Es war eine ungeheure Last für ein Opfer, das so rein, so heilig und so makellos in jeder Hinsicht war. Ein so unbeflecktes Gewissen sollte niemals mit einer so schändlichen Bosheit in Berührung kommen, aber er musste das alles ansehen, damit mein Gewissen reingewaschen werden konnte. In meinem Namen musste er nicht nur den vollkommenen Akt der Sühne, sondern sogar den vollkommenen Akt der Reue vollziehen. Er musste sich dafür entscheiden, etwas zu erdulden, wofür sich ein menschlicher Wille fast unmöglich entscheiden kann, und bei dieser Wahl stand ihm jede böse Wahl seit der ersten Wahl Adams offen. Mit einem heroischen Willensakt, einem machtvollen Fiat, hob er die Erbsünde auf und setzte die Wiedergutmachung jeder darauffolgenden Sünde, die jemals begangen wurde, in Gang. In diesem mutigsten aller Akte in der gesamten Menschheitsgeschichte verdiente der Sohn Gottes für uns die Gnade, in die Einheit mit dem göttlichen Willen, die seit Eden verloren gegangen war, zurückzukehren.

Der heilige John Henry Newman beschreibt den beängstigenden Moment, in dem unsere Sünden in den unschuldigen Geist Christi eindrangen, und der Feind, der in der Wüste von ihm abgelassen hatte, diesen günstigen Moment ergriff und „seine Zeit" (Lk 4,13) gekommen sah, um zuzuschlagen:

> Dort kniete Er regungslos und still, während der niederträchtige und schreckliche Satan Seinen Geist in ein Gewand hüllte, das durchdrungen war von allem, was hassenswert und abscheulich ist an menschlichem Vergehen. Dieses Gewand legte sich eng um Sein Herz und erfüllte Sein Gewissen und fand den Weg in jeden Sinn und in jede Pore Seines Geistes und breitete einen moralischen Aussatz über Ihn aus, bis Er sich fast als das fühlte, was Er nie sein konnte und wozu Ihn sein Widersacher gern gemacht hätte. Oh, welches Entsetzen, als Er schaute und Sich selbst nicht mehr kannte und Sich als verdorbener und abscheulicher Sünder fühlte, mit der lebhaften Wahrnehmung dieses Übermaßes an Verkommenheit, das sich über Sein Haupt ergoss und sogar bis zu den Zipfeln Seiner Kleider hinunterlief! Oh, welche Verstörung, als Er Seine Augen, Hände, Füße, Lippen und Sein Herz vorfand, als wären es die Glieder des Bösen und nicht Gottes! Sind dies die Hände des makellosen Gotteslammes, einst unschuldig, doch jetzt rot von zehntausenden barbarischen Bluttaten? Sind dies Seine Lippen, die nicht Gebet und Lobpreis und heiligen Segen aussprechen, sondern wie besudelt sind durch

Fluch und Blasphemie und Teufelslehren? Oder Seine Augen, entweiht wie sie sind durch all die bösen Visionen und den götzendienerischen Zauber, für den die Menschen ihren anbetungswürdigen Schöpfer verlassen haben? Und in Seinen Ohren klingen die Geräusche von Schwelgerei und Streit; und Sein Herz ist erstarrt vor Geiz und Grausamkeit und Unglauben; und Sein Gedächtnis ist beladen mit jeder Sünde, die seit dem Sündenfall begangen wurde …

Oh, wer kennt nicht das Elend eines quälenden Gedankens, der trotz Zurückweisung immer wiederkommt, um zu ärgern, wenn er schon nicht verführen kann? Oder von irgendwelchen abscheulichen und krankmachenden Vorstellungen, die in keinster Weise die eigenen sind, sondern dem Verstand von außen aufgezwungen werden? Oder von bösem Wissen, das mit oder ohne eigenes Verschulden erworben wurde, für dessen sofortige und endgültige Beseitigung man aber einen hohen Preis bezahlen würde? Und Widersacher wie diese versammeln sich jetzt zu Millionen um Dich, gebenedeiter Herr; sie kommen in Scharen, zahlreicher als Heuschrecken oder Plagen von Hagel und Fliegen und Fröschen, die gegen den Pharao gesandt wurden. Von den Lebenden und von den Toten und von den noch Ungeborenen, von den Verlorenen und von den Geretteten, von deinem Volk und von den Fremden, von den Sündern und von den Heiligen: Alle Sünden sind da. Deine Liebsten sind da, Deine Heiligen und Deine Auserwählten sind auf Dir; Deine drei Apostel Petrus, Jakobus und Johannes; aber nicht als Tröster, sondern als Ankläger, wie die Freunde Ijobs, die Asche gegen den Himmel streuen (vgl. Ijob 2,12), und Flüche auf Dein Haupt häufen.

Alle sind da – bis auf eine; eine nur ist nicht da, nur diese eine; denn sie, die keinen Anteil an der Sünde hatte, sie allein könnte Dich trösten und deshalb ist sie nicht in der Nähe. Sie wird Dir nahe sein am Kreuz, im Garten ist sie von Dir getrennt. Sie ist Deine Gefährtin gewesen und Deine Vertraute während Deines Lebens, sie hat mit Dir die reinen Gedanken und heiligen Betrachtungen von dreißig Jahren ausgetauscht. Aber ihr jungfräuliches Ohr kann weder aufnehmen noch kann ihr makelloses Herz begreifen, was Dir jetzt vor Augen steht. Keiner war dem Gewicht gewachsen, außer Gott. – Manchmal hast Du Deinen Heiligen das Bild einer einzigen Sünde vor Augen geführt, so wie sie im Licht Deines Angesichtes erscheint, oder von lässlichen Sünden, nicht von Todsünden; und sie haben uns gesagt, dass der Anblick sie fast getötet hätte, nein, dass er sie getötet hätte, wenn er nicht sofort wieder zurückgezogen worden wäre. Die Mutter Gottes hätte bei aller Heiligkeit, nein, genau deswegen, nicht eine einzige Brut jener unzähligen Nachkommen Satans ertragen können, die Dich jetzt umringen. Es ist die lange Geschichte der Welt und nur Gott allein kann die Last tragen. Hoffnungen wurden zunichte gemacht, Gelübde gebrochen, Lichter ausgelöscht, Warnungen verschmäht, Gelegenheiten verpasst; die Unschuldigen werden verraten, die Jungen verhärtet, die Büßer werden rückfällig, die Gerechten überwältigt, die Alten versagen; da ist die Spitzfindigkeit des Irrglaubens, die Eigenwilligkeit der Leidenschaft, die Verstocktheit des Stolzes, die Tyrannei der Gewohnheit, das Krebsgeschwür der Schuldgefühle, das vergebliche Fieber ängstlicher Sorge, die Qual der Scham, das Schmachten der Enttäuschung, die Krankheit der Verzweiflung;

> solch grausame, solch bedauernswerte Schauspiele, solch herzzerreißende, abstoßende, abscheuliche, wahnsinnige Szenen; nein – diese ausgezehrten Gesichter, die geschwollenen Lippen, die schamroten Wangen, die dunklen Stirnen der willigen Sklaven des Bösen, sie alle stehen jetzt vor Ihm; sie sind auf Ihm und in Ihm. Sie sind bei Ihm anstelle jenes beneidenswerten Friedens, der Seiner Seele seit dem Augenblick Seiner Empfängnis innewohnte. Sie sind auf Ihm, sie sind alle nichts anderes als Seine eigenen; Er weint zu Seinem Vater, als wäre Er der Verbrecher, nicht das Opfer; Seine Qualen nehmen die Form von Schuld und Reue an. Er tut Buße, Er legt ein Bekenntnis ab, Er vollzieht Reue – mit einer Realität und einer Tugend, die unendlich größer ist als die aller Heiligen und Büßer zusammen; denn Er ist das eine Opfer für uns alle, die einzige Genugtuung, der wahre Büßer, ja, sozusagen der wahre Sünder.[42]

Da sich Christi großmütiges Herz dazu herabließ, um der Sünder willen eine solch unerträgliche Tortur durchzumachen, hatte er wohl das Recht, zu erwarten, dass wenigstens einige Sünder, die er gerade Freunde genannt hatte (vgl. Joh 15,15), wach bleiben und in dieser Stunde der Agonie bei ihm sein würden. Wir alle wünschen uns Gemeinschaft in Zeiten schrecklichen Leidens. Wir wollen die Hand eines geliebten Menschen ergreifen, wenn das Dunkel der Trauer über uns hereinbricht. Die bloße Anwesenheit einer Person, die uns liebt, erleichtert die Bürde unseres Schmerzes –, doch in dieser einen Nacht, da Jesus Christus wirklich seine Freunde ge-

[42] John Henry Newman, „The Mental Suffering of Our Lord in His Passion“, Sermon 16 of *Discourses Addressed to Mixed Congregations* (Lonon: Longmans, Green, and Co., 1906), S. 335–341.

braucht hätte, war ihre Liebe nicht stark genug, ihn bis zum bitteren Ende zu begleiten. „Umsonst habe ich auf Mitleid gewartet, auf einen Tröster, doch ich habe keinen gefunden" (Ps 69,21).

Wäre Maria Magdalena dort gewesen: Sie hätte zweifellos genug Feuer in ihrem liebevollen, leidenschaftlichen Herzen gehabt, um wach zu bleiben. Mit tiefer weiblicher Intuition des Herzens hätte sie den Ernst dieser Krise gespürt und die Antwort der Liebe, die sie erforderte. Wer so aufmerksam auf jede Bewegung des Herzens Jesu achtet, hätte niemals zugelassen, dass sein Herz in so bitterer Einsamkeit zerbricht. Es war jedoch nicht vorgesehen, dass die physische Gegenwart von Maria Magdalena der Trost Christi in Gethsemani sein sollte. In dieser Nacht musste sie einen weiteren Teil ihrer Berufung zur Liebe erfüllen, nämlich das unbefleckte Herz der Mutter trösten, die aus der Ferne spüren konnte, was im Herzen ihres einzigen geliebten Sohnes vor sich ging. Die eine Passion begann an diesem Abend zwei Herzen zu ergreifen und am folgenden Abend würden beide Herzen durchbohrt sein, das eine körperlich, das andere seelisch (vgl. Lk 2,35). Ein Herz würde leblos daliegen in einem kalten Grab aus Stein, das andere zwar noch schlagend, aber tot, in einem Grab aus Trauer. Maria Magdalenas liebende, treue Anwesenheit war der Balsam auf die Wunden dieser beiden gebrochenen unschuldigen Herzen. Wieder einmal sehen wir, wie kostbar und wie selten in dieser Welt ein Herz ist, das einfach zu lieben versteht.

Der Kuss des Todes

Der gefürchtete Moment, in dem der Verrat eines Apostels für alle sichtbar aufgedeckt wurde, war gekommen, der Moment, der zu einem Synonym geworden ist für alles, was es an Gemeinheit in der menschlichen Natur gibt. Judas kam zum Eingang von Gethsemani, an der Spitze einer großen, zum Kampf bewaffneten Schar. Einer satanischen Eingebung folgend, hatte er beschlossen, Jesus zu verraten, indem er einen falschen Kuss auf sein heiliges Angesicht drücken wollte. Der Gedanke an diese Geste versetzte sein verhärtetes Herz in eine abartige Erregung. Vor den empörten und wütenden Aposteln tauchte aus dem Dunkel der Olivenhaine einer aus ihrer eigenen Reihe auf und näherte sich dreist dem sanften Meister. Er lieferte ihn nicht nur der Folter und dem Tod aus, sondern wagte es, dies mit einem Kuss zu tun! Das sanfte und verzeihende Herz Jesu reagierte nicht mit dem Ekel und der Wut, die ein solch abscheulicher Verrat verdient, sondern vielmehr mit einer Frage: „Freund, wozu bist du gekommen?“ (Mt 26,50). Freund, warum? Warum tust du so etwas? Warum sollte jemand einen verraten, der ihm nichts getan, sondern ihm nur Liebe erwiesen hat? Was für eine teuflische Logik steckt hinter einer solchen Idee? Was ist das für ein Geheimnis der Bosheit in deinem Herzen? Sogar der Eine, der alle Dinge weiß und versteht, scheint verblüfft angesichts der freien Entscheidung, eine solche Sünde zu begehen. Was ist die Wurzel der Sünde des Verrates? Stolz, Eitelkeit, Habgier, Eifersucht? – „Freund, warum?“ Diese göttliche Frage klingt durch die gesamte Menschheitsgeschichte hindurch, von den Tagen Adams bis zu denen des Antichristen.

Das Studium der biblischen Texte in der Originalsprache, die der Heilige Geist inspiriert hat, bringt oft tiefere Bedeutungsschichten zum Vorschein. Das Wort, das die Natur des Judaskusses beschreibt, ist des Nachdenkens wert. Das griechische Verb, das „küssen" bedeutet, ist identisch mit dem Verb, das „lieben" (phileo) bedeutet. Es ist eine Geste, die vom Schöpfer gewollt ist, um Liebe auszudrücken. Eine Mutter möchte natürlich ihr Baby küssen. Durch einen Kuss sprechen wir mit unserem Leib die Sprache der Liebe. Ein Kuss sollte immer die Offenbarung dessen sein, was im Herzen und in der Absicht der Person ist. Judas hat mit der Geste seines Körpers schamlos gelogen. Die Liebe, die ein Kuss ausdrückt, war auf seinen Lippen, aber nicht in seinem Herzen.

Wie viele Menschen lügen heute mit ihrem Körper?! Die Körpersprache, die die menschliche Sexualität zum Ausdruck bringt, ist im letzten halben Jahrhundert so erniedrigt worden, dass die Menschen nicht einmal mehr verstehen, was sie mit ihren Gesten tun. Seit dem Beginn dieser Verhütungsepoche, in der wir leben, benutzen viele Männer und Frauen einen Akt, der unwiderrufliche Selbsthingabe bedeutet und die Offenheit, durch Liebe neues Leben in die Welt zu bringen, nur, um sich egoistische fleischliche Genüsse zu verschaffen. Es ist Verrat, nicht nur am Schöpfer, sondern auch an sich selbst und an der anderen unsterblichen Kreatur, die wie eine Art Vergnügungsapparat benutzt wird. Die Sprache der menschlichen Seele, eine Sprache, die sich durch den Leib ausdrückt, dessen Gesten jedoch ewige Auswirkungen haben, ist unter der unersättlichen Tyrannei fleischlicher Leidenschaften erstickt worden. Die zerstörerischen Folgen dieser selbstsüchtigen Mentalität, die von unserer Kultur gebilligt wird, sind zu zahlreich, um sie aufzuzählen. Dazu gehört das unschuldige Blut von Millionen von ungeborenen Opfern. Aber nicht nur im Bereich der menschlichen Sexualität können wir mit dem Körper lügen. Wie viele Katholiken beugen ihr Knie, erheben sich dann und nähern sich dem Altar zum Empfang der heiligen Kommunion mit „Amen“ auf den Lippen, aber Unglauben im Herzen?

Es gibt noch ein weiteres Detail über den Kuss des Judas, das es wert ist, beachtet zu werden. Das Wort für „Kuss“, das der Evangelist verwendet, ist nicht das gewöhnliche. An dieser Stelle steht ein Wort, das einen emphatischen Kuss (kataphileo) bezeichnet: einen Kuss, der tiefste Gefühle der Liebe ausdrückt. Mit einem solchen Kuss war der verlorene Sohn zu Hause von seinem Vater begrüßt worden (vgl. Lk 15,20). Wir alle kennen so einen Kuss; er wird oft von Tränen der Liebe begleitet! Die Art dieses Kusses machte den Verrat des Judas für Christus umso schmerzhafter. In seiner Geistesverirrung beschloss der Verräter, intensive Liebe zu Jesus vorzutäuschen, und das genau in dem Moment, da er ihn zur Verurteilung und Ermordung auslieferte. Zufälligerweise – oder vielleicht auch durch Fügung – ist genau dieses Wort, das nur wenige Male im Neuen Testament vorkommt, auch jenes Wort, das zur Beschreibung der heiligen Küsse verwendet wird, mit denen die reuige Magdalena einst die Füße Christi bedeckte (vgl. Lk 7,45). Ihre Küsse kamen direkt aus der Tiefe ihres wahrhaft liebenden Herzens. Sie, die zur Gegengestalt des Verräters wurde, leistete unbewusst im Voraus und im Namen der ganzen Menschheit Sühne an Christus für diesen bitteren Kuss des Judas. Vielleicht hat sie damals nichts verstanden, aber der Heilige Geist, der ihre Gesten und auch die Worte, die diese Gesten aufzeichneten, inspirierte: Er wusste, dass die Erinnerung an ihre Zärtlichkeit niemals aus dem Gedächtnis des Einen gelöscht werden würde, der nicht an die Grenzen der Zeit gebunden war. Für jeden Judas, der das Herz Christi bricht, in all den Verräterküssen der Menschheitsgeschichte: Lasst uns beten, dass es da auch eine Magdalena gibt!

Seine Gestalt war nicht mehr die eines Menschen

Als die Verurteilung Christi schließlich von dem korrupten Hohepriester Kajaphas ausgesprochen worden war, gab es einen beängstigenden Moment, in dem das Antlitz des Herrn völlig verhüllt und von allen, die in der Nähe standen, geschlagen wurde (vgl. Mt 26,67–68; Mk 14,65; Lk 22,63–65). Das griechische Verb macht deutlich: Erst nachdem das Antlitz Jesu verhüllt ist, fangen sie an, mit ihren Fäusten darauf loszuschlagen. Er war zuvor von einem Knecht des Hohepriesters geohrfeigt worden, aber erst nachdem sein Gesicht verhüllt worden war, begannen die Anwesenden, brutal auf ihn einzuhämmern. Es war beinahe, als sei sein Gesicht zu unschuldig und zu heilig, um es zu entstellen, solange es nicht verhüllt war. Es gibt Verbrechen, wie etwa der Mord an ungeborenen Kindern, die niemals begangen würden, wenn das Gesicht des Opfers zu sehen wäre. Das menschliche Gesicht ist etwas Geheimnisvolles. In der griechischen Sprache, die der Evangelist benutzt, kann das Wort für „Gesicht" auch „Person" oder „Gegenwart" bedeuten. Das Geheimnis eines Antlitzes offenbart die Identität der Person, und das Gesicht eines anderen zu schlagen bedeutet, heftigen Hass auf diese Person zu zeigen und sogar den Wunsch, die Welt von seiner Anwesenheit zu befreien. Solcherart war die teuflische Wut, die in den ersten Stunden der Passion auf Christus losgelassen wurde. Als Magdalena ihn am nächsten Morgen im Prätorium sah, war sein Gesicht, das ihr immer nur zärtliche Güte gezeigt hatte, zerschlagen, zerschunden und in kostbarem Blut gebadet. Nachdem die römischen Soldaten dann noch ihre eigene brutale Gewalt zur Folter des Erlösers beigetragen hatten und er schließlich auf dem Kalvarienberg angekommen war, sollte sich die Prophezeiung des Jesaja erfüllen: „So entstellt sah er aus, nicht mehr wie ein Mensch, seine Gestalt war nicht mehr die eines Menschen" (Jes 52,14). Der Schock, der Magdalenas Herz traf in dem Moment, als sie ihn am Karfreitag zum ersten Mal sah, hätte fast schon gereicht, um ihr das Leben zu nehmen. Der göttliche Blick, jene heiligen Augen, die ihr sündiges Herz damals in Galiläa verwandelt hatten, waren jetzt von Schmerz und Kummer getrübt und er konnte sie kaum öffnen, so blutig und geschwollen waren sie. Wie war es nur möglich, dass solch eine vollkommene Unschuld verurteilt werden konnte und leiden musste wie ein Sünder?! Einen solchen Anblick hatte sie sich nicht einmal vorstellen können. Wie konnte der Meister, der immer alles so ruhig unter Kontrolle hatte, der Fels, auf den ihr Glaube gebaut war, jetzt nur so tief gedemütigt werden? Wie konnte eine solche Majestät ausgelöscht werden und nun am Rande der totalen Vernichtung stehen? Einige der Jünger behaupteten, er habe irgendwie seine heilige Macht verloren, während seine Feinde sich triumphierend brüsteten, er sei von Gott verworfen. Magdalena wusste, dass keine dieser beiden blasphemischen Behauptungen möglich war. Trotz ihres Schocks war sie sich einer Sache völlig sicher: Ihre Liebe zu Jesus war jetzt größer als je zuvor. Die Herrlichkeit seiner anbetungswürdigen göttlichen Person schien durch die Zerstörung seiner äußeren Erscheinung nicht geschmälert, sondern vielmehr verstärkt zu sein. Es war fast so, als diene dieser schreckliche Alptraum nur dazu, dem Herzen Magdalenas neue Abgründe der Liebe zu offenbaren, die im Herzen Jesu verborgen sind. Nichts bewegt das Herz so sehr, wie der Anblick des schweigenden Lammes, das von wilden Wölfen umgeben ist. Wenn der Schuldige leidet, wird das Herz oft schon von Mitleid bewegt, wenn aber der Unschuldige leidet, wird ein liebendes Herz so weit gehen, sich zu wünschen, es könnte dessen Stelle einnehmen. Alles, was Maria tun konnte, war: dankbar zu sein, dass sie Jesus begegnet war, und zu bedauern, dass sie nicht noch mehr Zeit damit verbracht hatte, sich seiner Gegenwart zu erfreuen. Sehr oft wissen wir nicht, wie gesegnet wir mit einem Privileg sind, bis es uns genommen wird. Sie erkannte jetzt, dass das Einzige, was ihr in dieser Welt wirklich etwas bedeutete, die reale Gegenwart Christi war.

Was ist das für ein Geheimnis göttlicher Kraft, die sich aus Liebe zu uns schwach macht und sogar tiefste Erniedrigung auf sich nimmt? Es ist ein Geheimnis, das unser stolzer Verstand nicht ganz begreifen kann, aber unsere Herzen können wahrnehmen, dass Liebe nie liebenswerter ist, als wenn sie sich verwundbar macht. Dieses Mysterium der Passion wird durch das Sakrament der Eucharistie fortgesetzt und gegenwärtig gemacht, wo derjenige, der die Macht hat, „Raureif wie Asche auszustreuen“ (vgl. Ps 147,16), verborgen unter den zerbrechlichen Gestalten von Brot und Wein gegenwärtig ist. Das Kreuz und das Allerheiligste Sakrament sind Teil des einen heiligen Geheimnisses der göttlichen Verwundbarkeit, das vor zweitausend Jahren Maria Magdalenas Herz zum Schmelzen brachte und uns bis heute Tränen in die Augen treibt.

In seinem großartigen Hymnus *Adoro Te Devote* konnte der engelgleiche Verstand des heiligen Thomas von Aquin nur mit Ehrfurcht bewundern, wie Jesus am Kreuz seine Göttlichkeit verhüllte, wie er jetzt aber noch weitergeht und auch seine Menschheit verbirgt. Gesegnet, wer sich zum Glauben sowohl an die Göttlichkeit als auch an die Menschlichkeit bekennen kann, die sich unter der Zerbrechlichkeit einer kleinen weißen Hostie verbergen. Sie werden Segen erhalten, ähnlich wie die kleine Gruppe treuer Seelen, die auf Golgotha fest im Glauben geblieben sind. Sie waren vielleicht unfähig zu verstehen, was da vor ihren Augen geschah, aber dennoch blieben sie fest in ihrem Glauben an Jesus. Wir können das Geheimnis der Eucharistie nicht vollständig erfassen, aber wir bekennen weiterhin mit dem heiligen Johannes Maria Vianney: „ER ist da!" Sind wir so dankbar für seine Realpräsenz wie Maria Magdalena vor zweitausend Jahren? Oder wie der heilige Johannes Maria Vianney vor hundertfünfzig Jahren? Vergießen wir Tränen dankbarer Liebe wie er, wenn er zum Tabernakel schaute?

Der Blick der Liebe

Magdalena hätte alles dafür getan, dem gekreuzigten Christus die Schmerzen abnehmen zu können, aber sie erkannte: Alles, was sie jetzt für ihn tun konnte, war: einfach da zu sein, zu schauen und zu lieben. In den Stunden der Passion wusste sie, dass ihr Platz neben der schmerzhaften Mutter Jesu war, um ihr unbeflecktes Herz zu beruhigen und mit ihr zu versuchen, das Herz Christi zu trösten. Als der Herr vor ganz Jerusalem gegeißelt und verspottet wurde, als er in einer Pfütze seines eigenen Blutes vor Pilatus stand, fürchtete Magdalena, dass die Mutter Jesu vor Kummer sterben würde, während sie ihre zitternde Hand hielt; aber irgendwie fand ihr gebrochenes mütterliches Herz die Kraft, den blutigen Fußabdrücken ihres Sohnes zu folgen, als er den ersten Kreuzweg über die rauen Steine Jerusalems zurücklegte. Entlang dieser *Via Dolorosa* vermischte sich das Blut Christi mit den Tränen seiner Mutter und den Tränen Magdalenas, die jetzt reichlicher flossen als je zuvor.

Irgendwann auf dem düsteren Weg zum Kalvarienberg könnte es gewesen sein, dass Maria Magdalena eine gewisse Ahnung davon bekam, dass all das Furchtbare, was Christus durchmachen musste, mit unseren Sünden zusammenhängt; dass die Freude über die Barmherzigkeit, die sie empfangen hatte, ihr nur durch das liebevolle Opfer Jesu zuteilgeworden war, der sich entschieden hatte, sein Leben für uns hinzugeben. Sie konnte es nicht ganz verstehen, aber vielleicht erkannte sie dunkel, dass er die Qual ihrer Schuld auf sich geladen hatte, sodass sie nun in der Freude seiner Unschuld leben konnte. Die Worte Christi selbst hatten ja die Notwendigkeit seines Leidens angedeutet (vgl. Mk 8,31; 10,32–34), und die Heilige Jungfrau hatte ihr am Gründonnerstagabend zweifellos etwas über dieses Geheimnis erklärt. Sie hatte gehört, dass Johannes der Täufer einst davon gesprochen hatte, dass Jesus die Sünden der Welt auf sich nehmen würde wie ein Opferlamm, und die Erinnerung an diese ungewöhnliche Prophezeiung stieg jetzt wieder in ihr auf. Vom ersten Tag an, als sie Jesus begegnet war, hatte sie tatsächlich den Eindruck, dass seine Gegenwart ihre Sünden von ihr weggenommen hatte. Vielleicht führte dieser Gedanke dazu, dass ein neues Schwert des Schmerzes ihre Seele durchbohrte, gefolgt von einer neuen Welle dankbarer Liebe zu Christus. Sie konnte erahnen, dass er dies aus reiner Liebe zu ihr tat, um sie zu befreien, und spürte jetzt in ihrer Seele nur noch, dass sie umhüllt war von der Liebe aus dem sanften Herzen Christi, dessen Schlag von Minute zu Minute schwächer wurde. „Größere Liebe hat niemand, als wenn einer sein Leben hingibt für seine Freunde“ (Joh 15,13). Als sie den Gipfel des Kalvarienbergs erreichten, erhob sich ihre Liebe zu neuer Höhe; und während sie ihn in einem Meer des Hasses ertrinken sah, hatte sie nur den einen Gedanken, wie gern sie ihn wissen lassen wollte, dass er immer noch geliebt war. Schon lange hatte die Gnade sie auf diesen Moment vorbereitet. Jetzt war ihre Liebe stark genug, um beide zu trösten: Jesus und seine Mutter in ihrer Stunde der Not.

Als der Lärm der Hammerschläge auf dem Gipfel von Kalvaria dröhnte und die kalten Nägel sein Fleisch und seine Knochen durchbohrten, hörte sie, wie ein schrecklich schöner Schrei aus seinem Mund ertönte. Das konnte nur die Zusammenfassung des Gebetes sein, das schon die ganze Zeit aus seinem Herzen aufstieg: „Vater, vergib ihnen; denn sie wissen nicht, was sie tun!“ (Lk 23,34). Magdalena kannte inzwischen diese Art und Weise, wie er arme Sünder immer ansah, und schon lange brachte sie es nicht mehr fertig, daran zu zweifeln, dass selbst die schwersten Sünden im Herzen Jesu Vergebung finden können; aber solche Worte ausgerechnet über diese Männer zu hören, die sich geradezu Mühe gaben, ihn so viel wie möglich leiden zu lassen, und die buchstäblich das Leben aus seinem jungen und gesunden Körper herausfolterten –, das war selbst für sie ganz und gar überwältigend. Diese Worte waren Ausdruck eines Herzens, das zu wunderbar ist, als menschlicher Verstand erfassen könnte. Das waren Worte reiner göttlicher Liebe. Das Johannesevangelium führt uns zu den letzten Augenblicken der Passion, in denen Magdalena sieht, wie der Tod schließlich beginnt, denjenigen zu ergreifen, den sie mehr liebte als ihr eigenes Leben:

> Nachdem die Soldaten Jesus ans Kreuz geschlagen hatten, nahmen sie seine Kleider und machten vier Teile daraus, für jeden Soldaten einen. Sie nahmen auch sein Untergewand, das von oben her ganz durchgewebt und ohne Naht war. Sie sagten zueinander: „Wir wollen es nicht zerteilen, sondern darum losen, wem es gehören soll." So sollte sich das Schriftwort erfüllen: „Sie verteilten meine Kleider unter sich und warfen das Los um mein Gewand." Dies führten die Soldaten aus. Bei dem Kreuz Jesu standen seine Mutter und die Schwester seiner Mutter, Maria, die Frau des Klopas, und Maria von Magdala. Als Jesus seine Mutter sah und bei ihr den Jünger, den er liebte, sagte er zu seiner Mutter: „Frau, siehe, dein Sohn!" Dann sagte er zu dem Jünger: „Siehe, deine Mutter!" Und von jener Stunde an nahm sie der Jünger zu sich. Danach, als Jesus wusste, dass nun alles vollbracht war, sagte er, damit sich die Schrift erfüllte: „Mich dürstet." Ein Gefäß mit Essig stand da. Sie steckten einen Schwamm mit Essig auf einen Ysopzweig und hielten ihn an seinen Mund. Als Jesus von dem Essig genommen hatte, sprach er: „Es ist vollbracht!" Und er neigte das Haupt und gab seinen Geist auf (Joh 19,23–30).

Maria Magdalenas Lebensaufgabe war es, Jesus Christus mit der ganzen Kraft ihres leidenschaftlichen Herzens zu lieben. Dazu war sie erschaffen worden: um für Jesus da zu sein in seiner schweren Stunde. Dies war alles, worauf sie sich zu konzentrieren hatte, und die göttliche Vorsehung würde sich um alles andere für sie kümmern. Schon lange vor der Passion, damals, im friedlichen Galiläa, hatte sie zu lernen begonnen, wie diese Berufung zu leben ist. Als sie zum ersten Mal den überwältigenden Drang empfand, in das Haus des Pharisäers zu gehen und den Herrn anzubeten, wusste sie kaum, dass sie, indem sie dieser Inspiration folgte, in ihre erhabene Sendung gerufen wurde, Sühne zu leisten für das heiligste Herz Jesu. Sie war in das Leben Christi gerufen worden, um die Sünde des Pharisäers wiedergutzumachen, der zu stolz gewesen war, dem Meister den Respekt zu erweisen, den er verdiente. Und in einigen anderen Situationen auf dem Weg hatte es ähnliche Erfahrungen gegeben, in denen sie spürte, dass ihre Liebe ein Trost für das verwundete Herz des Erlösers war. Nirgendwo traf dies mehr zu als beim gemeinsamen Mahl in Bethanien, wo ihre Liebe zu Jesus, die inzwischen radikaler und kühner geworden war, dazu angeregt wurde, den Herrn zu trösten, als er im Begriff war, von einem seiner eigenen geliebten Freunde verraten zu werden. Jetzt auf Kalvaria hatte ihre Liebe zu Christus ihren seraphischen Höhepunkt erreicht, sodass sie in der Lage war, den Herrn genau in dem Moment zu trösten, da er sie am meisten brauchte. In ihrer bedeutsamsten Stunde brauchte die Menschheit eine Maria Magdalena, um für Jesus und Maria da zu sein. Diese arme gebrochene Sünderin von einst, die in eine engelgleiche Anbeterin des Herzens Jesu verwandelt wurde, war auf Kalvaria zu nichts anderem aufgerufen, als zu lieben. Wenn uns der heilige Johannes – der am Abend zuvor Jesus verlassen, doch irgendwie den Weg in den Hof des Hohepriesters zurückgefunden hatte und nun zusammen mit der Jungfrau Maria und Magdalena unter dem Kreuz stand – die Szene des Todes Christi beschreibt, scheint er die Haltung der beiden Gruppen am Fuße des Kreuzes eindeutig einander gegenüberzustellen: Auf der einen Seite sind die brutalen Soldaten, die inzwischen wahrscheinlich halb betrunken waren und den Leib Christi für einige Stunden zu ihrem Zeitvertreib in grausam-römischem Stil benutzt hatten. Auf der anderen Seite befinden sich die Tröster des heiligsten Herzens Jesu. Die Haltungen beider Gruppen könnten nicht unterschiedlicher sein und die der Letzteren macht die der Ersteren wieder gut. „Dies führten die Soldaten aus. Bei dem Kreuz Jesu standen seine Mutter und die Schwester seiner Mutter, Maria, die Frau des Klopas, und Maria von Magdala" (Joh 19,24b–25).

Die Soldaten hatten Christi Glieder so furchtbar zugerichtet, dass sein Leib nun um die letzten Atemzüge rang. Dann bemerkten seine Peiniger, dass eines seiner Kleidungsstücke besonders schön angefertigt war (zweifellos von seiner Mutter), und meinten, dass es eine Schande sei, es zu zerteilen (vgl. Joh 19,24). Sie hatten kein Gefühl des Bedauerns verspürt, als sie sein unschuldiges Fleisch aufrissen, aber ein wertvolles Kleidungsstück zu zerreißen, das hielten sie für bedauerlich und falsch. Sie behandelten ein totes, materielles Objekt mit mehr Respekt als eine lebende göttliche Person. Hier erreicht die Berufung Magdalenas zur liebevollen Wiedergutmachung ihren höchsten Gipfel: Zusammen mit der seligen Jungfrau Maria steht sie am Kreuz, um ein Gegengewicht zu dieser grausamen Behandlung des menschgewordenen Gottes zu schaffen. Sie weiß, dass seine Gegenwart in dieser Welt von unendlichem Wert ist. Jede Sekunde, in der er bei uns ist, ist kostbarer als alles andere im ganzen Universum. Sie ist aufgerufen, am Fuße des Kreuzes daran zu glauben, diese Wahrheit in ihrem Herzen zu tragen und einfach in die Augen Christi zu schauen. Mit anderen Worten: Sie ist aufgerufen, mit der zärtlichen Liebe eines kontemplativen Herzens auf Christus zu schauen, und in diesem Akt hat sie das Ziel ihrer Existenz erreicht.

Die Ungeheuerlichkeit dieser Szene löst zu Recht starke Emotionen in unseren Herzen aus, aber die objektive Wahrheit dieser Situation beschränkt sich nicht auf die bittere Geschichte von Golgotha. Jesus Christus ist lebendig und gegenwärtig mit Leib, Blut, Seele und Gottheit im Tabernakel einer jeder unserer Kirchen. Derselbe Jesus, der am Kreuz hing und Magdalenas Liebe empfing, wartet jetzt darauf, im Allerheiligsten Sakrament geliebt zu werden. Wir Katholiken müssen unser Gewissen prüfen und schauen, ob unser Umgang mit Christus in der Eucharistie dem Magdalenas ähnlich ist oder dem der anderen Charaktere während der Passion. Wird Jesus heutzutage nicht oft wie ein totes Objekt behandelt? Zur heiligen Faustyna sagte er einmal, dass wir ihn, wenn er in der heiligen Kommunion komme, wie ein totes Objekt – man kann auch übersetzen: wie eine tote „Sache“ – behandeln würden.[43] Gehen wir, wenn wir unsere Kirchen betreten, zum Tabernakel, um unseren Erlöser zu besuchen? Schauen wir ihn wie Maria Magdalena mit Liebe an oder ignorieren wir ihn, als wäre er ein toter Gegenstand? Gehen wir liebevoll und sorgsam mit seinem heiligen eucharistischen Fleisch um oder behandeln und misshandeln wir ihn wie die römischen Soldaten? Lassen wir zu, dass er an diejenigen ausgeliefert wird, die ihn niemals berühren dürften, so wie einst der Hohepriester seinen Messias den heidnischen Mächten Roms übergab? Die Auswirkungen eines achtlosen Umgangs mit seinem Leib im eucharisti-

[43] Faustyna Kowalska, *Tagebuch* (Hauteville/Schweiz: Parvis-Verlag, 2000) Nr. 1385.

schen Zustand sind zwar nicht die gleichen wie der damalige Umgang mit seinem sterblichen Fleisch, aber der Frevel ist vergleichbar. Der Leib ist gegenwärtig unter einer anderen Gestalt, doch die göttliche Person, die da gegenwärtig ist, ist dieselbe. Was ist aus der wunderschönen Verehrung geworden, die wir einst für diese heilige eucharistische Gegenwart hatten? Es scheint eine Form von geistlichem Verfall zu geben, der eingedrungen ist in die Art und Weise, wie viele heute mit dem Allerheiligsten Sakrament umgehen; oder ist es einfach ein krasser Mangel an Glauben? Am Ende unseres Lebens werden wir erkennen, wie töricht wir waren, einen solchen Schatz vernachlässigt zu haben. Es mag uns vielleicht nicht gelingen, die ganze Kirche wieder zur Ehrfurcht und Verehrung des Allerheiligsten Sakraments zu bewegen, aber wir können das Übel wiedergutmachen, indem wir immer wieder längere Zeit in liebevoller eucharistischer Anbetung verweilen. Maria Magdalena wusste, dass sie die Soldaten nicht an der Misshandlung Jesu hindern konnte, aber sie konnte ihn lieben und diese Liebe konnte ihr niemand nehmen. Was die Kirche heute vor allem braucht, wenn wir die unaufhörliche Flut von Sakrilegien und Freveln, die das Heilige überschwemmen, wiedergutmachen wollen, sind Seelen, die es verstehen, wie Magdalena in die Augen des eucharistischen Jesus zu schauen.

7

Apostolin der Apostel

Nach den Schrecken von Kalvaria, der leidvollen Abnahme des Leichnams Christi vom Kreuz und dem Versuch, in aller Eile seine Bestattung noch vor Beginn des Sabbats zu Ende zu führen, fühlten sich Maria Magdalena und die anderen heiligen Frauen körperlich wie betäubt. Schlafen war unmöglich, Beten war unmöglich, zusammenhängende Gespräche waren unmöglich. Alles, was Maria geblieben war, waren ihre Tränen. Ihr Geist war von Bildern der Passion erfüllt und sie hatte immer noch ständig das qualvolle Stöhnen Christi im Ohr, als er ans Kreuz genagelt wurde, oder das schreckliche Geräusch des Todesröchelns, als er um seine letzten Atemzüge rang. Es war ihr, als sei er vor ihren Augen am Ertrinken gewesen, und sie hatte nicht die Hand ausstrecken können, um ihm zu helfen. Die letzten Sekunden, in denen er noch Leben in sich trug, standen ihr immer vor Augen, und wie sehr sie danach verlangt hatte, dieses Leben zurückzuhalten und daran zu hindern, die Welt zu verlassen ... Sie würde alles darum geben, noch ein Wort von seinen heiligen Lippen zu hören oder einen Blick aus seinen heiligen Augen zu erhaschen. Sein Antlitz war für ihre ausgetrocknete Seele immer wie ein frischer Wasserstrahl gewesen, doch nun war dieses Gesicht für immer verschwunden. Selbst der Schmerz beim Tod ihres Bruders war nichts im Vergleich mit dieser Qual. Lazarus war wenigstens in Würde gestorben und von Liebe umgeben; Jesus aber war gestorben, während die Hohepriester, Schriftgelehrten und Ältesten immer noch über ihn spotteten und lachten. Es schien geradezu, als seien diese gerechtfertigt, Christus aber beschämt worden. Sie konnte nicht mehr klar denken und wünschte, nicht mehr zu leben. Die Welt war nun nur noch eine dunkle und elende Höhle voll grausamer Sünder. Ihr Licht war erloschen. Während sie die Szenen von Golgotha immer und immer wieder in ihrem Kopf durchspielte, gab es nur eine einzige Idee, die ihr, wenn sie in ihrem Herzen aufstieg, einen Moment des Trostes brachte: Sobald sie konnte, würde sie zu diesem Grab laufen, irgendjemanden suchen, der den Stein wegrollt, und die Begräbnissalbung wiederholen. Sie empfand Scham darüber, dass sie diese so hastig vollziehen und so abrupt hatte beenden müssen. Auf diese Weise würde sie einen letzten Blick auf sein heiliges Angesicht werfen können und hätte eine letzte Gelegenheit, seine heiligen Füße zu umfassen. Mit diesem Entschluss fand sie wenigstens einige Augenblicke der Ablenkung vom Schmerz. Sie begann, die anderen heiligen Frauen zusammenzuholen, damit sie ihr bei der Suche nach den kostbarsten Duftstoffen und Gewürzen für die Salbung helfen sollten. Die Mutter Jesu wollte sie aber nicht stören, die seit Freitagnachmittag kaum ein Wort gesagt hatte. Sie sollte in Ruhe gelassen werden und der gute Apostel Johannes würde sich um sie kümmern.

So etwa dürfen wir uns die Szene wohl vorstellen, während der Karsamstag langsam dem Ostersonntag zu weichen begann. Wenn wir Maria Magdalena das nächste Mal in der Heiligen Schrift begegnen, sehen wir sie durch die Straßen Jerusalems auf den Golgothahügel zulaufen. So heftig war ihr Wunsch, wieder in der Gegenwart des toten Leibes Christi zu sein, dass sie sich von der Gruppe der heiligen Frauen löste und allein dort ankam, noch bevor die aufgehende Sonne ihr Licht auf sie geworfen hatte. Der herrliche Bericht über die Erscheinung des auferstandenen Christus vor Maria Magdalena bedarf keiner Verschönerung durch plumpe menschliche Worte. Die Szene wird vom heiligen Johannes so wunderbar beschrieben, dass wir sie in ihrer ganzen Länge und ohne Unterbrechung wiedergeben. Am besten betrachtet man diese inspirierten Worte der Heiligen Schrift sehr langsam, bevor man versucht, sie zu erläutern. Zu jedem Menschen spricht dieser Text auf eine persönliche und einzigartige Weise.

> Am ersten Tag der Woche kam Maria von Magdala frühmorgens, als es noch dunkel war, zum Grab und sah, dass der Stein vom Grab weggenommen war. Da lief sie schnell zu Simon Petrus und dem anderen Jünger, den Jesus liebte, und sagte zu ihnen: „Sie haben den Herrn aus dem Grab weggenommen und wir wissen nicht, wohin sie ihn gelegt haben." Da gingen Petrus und der andere Jünger hinaus und kamen zum Grab; sie liefen beide zusammen, aber weil der andere Jünger schneller war als Petrus, kam er als Erster ans Grab. Er beugte sich vor und sah die Leinenbinden liegen, ging jedoch nicht hinein. Da kam auch Simon

Petrus, der ihm gefolgt war, und ging in das Grab hinein. Er sah die Leinenbinden liegen und das Schweißtuch, das auf dem Haupt Jesu gelegen hatte; es lag aber nicht bei den Leinenbinden, sondern zusammengebunden daneben an einer besonderen Stelle. Da ging auch der andere Jünger, der als Erster an das Grab gekommen war, hinein; er sah und glaubte. Denn sie hatten noch nicht die Schrift verstanden, dass er von den Toten auferstehen müsse. Dann kehrten die Jünger wieder nach Hause zurück.

Maria aber stand draußen vor dem Grab und weinte. Während sie weinte, beugte sie sich in die Grabkammer hinein. Da sah sie zwei Engel in weißen Gewändern sitzen, den einen dort, wo das Haupt, den anderen dort, wo die Füße des Leichnams Jesu gelegen hatten. Diese sagten zu ihr: „Frau, warum weinst du?“ Sie antwortete ihnen: „Sie haben meinen Herrn weggenommen und ich weiß nicht, wohin sie ihn gelegt haben.“ Als sie das gesagt hatte, wandte sie sich um und sah Jesus dastehen, wusste aber nicht, dass es Jesus war. Jesus sagte zu ihr: „Frau, warum weinst du? Wen suchst du?“ Sie meinte, es sei der Gärtner, und sagte zu ihm: „Herr, wenn du ihn weggebracht hast, sag mir, wohin du ihn gelegt hast! Dann will ich ihn holen.“ Jesus sagte zu ihr: „Maria!“ Da wandte sie sich um und sagte auf Hebräisch zu ihm: „Rabbuni!“, das heißt: Meister. Jesus sagte zu ihr: „Halte mich nicht fest; denn ich bin noch nicht zum Vater hinaufgegangen. Geh aber zu meinen Brüdern und sag ihnen: Ich gehe hinauf zu meinem Vater und eurem Vater, zu meinem Gott und eurem Gott.“ Maria von Magdala kam zu den Jüngern und verkündete ihnen: „Ich habe den Herrn gesehen.“ Und sie berichtete, was er ihr gesagt hatte (Joh 20,1–18).

Warum Magdalena?

Wie oben erwähnt, machten sich mehrere Frauen am Ostersonntag auf den Weg, um den Leichnam Christi zu salben, aber Maria Magdalena scheint vor allen anderen angekommen zu sein; und dem Bericht des heiligen Johannes zufolge war sie die Erste, die den auferstandenen Christus sah. Es gibt eine sehr alte Überlieferung, nach der Jesus sich nach seiner Auferstehung vom Grab entfernt habe, bevor Magdalena ihn sah, und ganz vertraulich seiner heiligsten Mutter erschienen sei, der Einzigen von allen, die wirklich wusste, dass er auferstehen würde, und die deshalb auch nicht das Bedürfnis hatte, zum leeren Grab zu gehen, um seinen Leib zu salben. In einem Glauben wie dem der Jungfrau Maria gab es keine Zweifel oder verwirrende Fehlinterpretationen dessen, was Christus meinte, als er klar sagte, er werde von den Toten auferstehen (vgl. Mt 16,21). Sie, die „selig" genannt wurde, weil sie dem Wort Gottes immer Glauben schenkte (Lk 1,45), hatte sich mit der ganzen Kraft ihres unbefleckten Willens an die Wahrheit der Vorhersage Christi geklammert, dass er auferstehen werde. Vielleicht war es das, was sie davor bewahrt hatte, am Karfreitag vor Kummer zu sterben. In der Katechese vom 21. Mai 1997 offenbart der heilige Johannes Paul II. seinen persönlichen Glauben an die Wahrheit der Überlieferung, dass Jesus unmittelbar nach seiner Auferstehung seine liebe Mutter besucht habe. Hier ist die Erklärung des Heiligen Vaters:

> In der Tat ist es legitim zu denken, dass die Mutter wahrscheinlich die erste Person war, der der auferstandene Jesus erschienen ist. Könnte nicht die Abwesenheit Marias in der Gruppe der Frauen, die im Morgengrauen zum Grab

gingen (vgl. Mk 16,1; Mt 28,1), darauf hindeuten, dass sie Jesus bereits begegnet war? Diese Folgerung würde auch durch die Tatsache bestätigt, dass die ersten Zeugen der Auferstehung nach dem Willen Jesu die Frauen waren, die am Fuße des Kreuzes treu geblieben und daher im Glauben standhafter waren. In der Tat vertraut der Auferstandene einer von ihnen, Maria Magdalena, die Botschaft an, damit sie diese an die Apostel weitergebe (vgl. Joh 20,17–18). Vielleicht lässt uns auch diese Tatsache vermuten, dass Jesus sich zuerst seiner Mutter zeigte, die am treuesten gewesen war und ihren Glauben bewahrt hatte, als er auf die Probe gestellt wurde.[44]

Maria Magdalena war immerhin dazu auserwählt, die Erscheinung des auferstandenen Herrn lange vor allen anderen Jüngern zu empfangen. Der heilige Thomas von Aquin begründet diese Tatsache damit, dass sie glühender und Christus ergebener gewesen sei als seine anderen Anhänger. Um für diese Behauptung einen Anhaltspunkt zu finden, geht er auf die Aussage Jesu in den frühen Tagen ihrer Bekehrung zurück. Jesus lobte sie gleich am Anfang öffentlich und sagte, dass ihre vielen Sünden vergeben seien, weil sie so viel geliebt habe.[45] Thomas von Aquin zeigt auf, dass es vor allem ihre intensive Liebe ist, die die Zuneigung des Herrn auf sich zieht. Die Weisheit „gibt sich denen, die nach ihr verlangen, sogleich zu erkennen" (Weish 6,13). Einige Leser werden überrascht sein, dass der heiligen Thomas in seinem Kommentar zum Johannes-Evangelium wie selbstverständ-

[44] Papst Johannes Paul II., Generalaudienz am 21. Mai 1997.

[45] Thomas von Aquin, *Kommentar zum Johannes-Evangelium*, Nr. 2472, 2493.

lich die sündige Frau, die Christus in Galiläa salbte, Maria von Bethanien und Maria Magdalena zu einer Person verknüpft; aber wir dürfen nicht vergessen, dass er dies schrieb, lange bevor irgendetwas davon in der römisch-katholischen Kirche in Frage gestellt wurde.

Marias Liebe erlangte also diesen Segen vom Herrn, und indem er ihr solch einen Vorzug gewährt, scheint Christus uns eine Lektion über seine Barmherzigkeit zu erteilen und über die Tatsache, dass Sünder hoffen dürfen, zu seinen besonders gesegneten Freunden gezählt zu werden. Jesus wählte Magdalena aus, am Fuße des Kreuzes anwesend und als Erste am leeren Grab zu sein, um uns zu zeigen, wie sein Ostergeheimnis die größten Sünder in die größten Heiligen verwandeln möchte. Mit der Auferstehung Jesu wurde das Geheimnis der Erlösung vollendet und es ist die heilige Maria Magdalena, die die ersten Früchte der Erlösung empfing samt der Freude, die sie dem menschlichen Herzen bringt. Sie sah zwei Engel, den einen dort, wo das Haupt, den anderen dort, wo die Füße des Leichnams Jesu gelegen hatten. Wird der irdische Engel der Anbetung vielleicht von diesen beiden himmlischen Engeln an den Trost erinnert, den sie Christus durch die Salbung seines Hauptes und seiner Füße geschenkt hat? Die Liebe dieser treuen Seele hat sich die Osterfreude hier unten und einen hohen Platz danach im Himmel verdient.

Weinen wie eine Magdalena

So sehr wird Maria Magdalena mit Tränen verbunden, dass es bei den Franzosen den volkstümlichen Ausdruck gibt: „pleurer comme une Madeleine", das heißt: „weinen wie eine Magdalena". Ein Herz, das viel liebt, weint oft, und seit sie die Bühne der Heiligen Schrift betrat, hat dieses wunderbare Geschöpf einen wahren Strom von Tränen vergossen. Magdalena weinte, weil der Leib Jesu verschwunden war. Sie wäre an dem leeren Grab untröstlich gewesen, weil das, was der wirklichen Gegenwart Christi am nächsten kam, nun fehlte. Vielleicht hatte sie gehofft, am Grab beten zu können und nachzusinnen über die heiligen Gebeine des Einen, der ihr solche Freude bereitet hatte. Petrus und Johannes waren nach Hause gegangen, aber Magdalena wollte nicht weggehen. Wie lange wird sie wohl weinend dort am leeren Grab verweilt haben? Sie schien entschlossen zu sein, nirgendwo anders hinzugehen, und wenn er nicht schon auferstanden gewesen wäre, hätten diese heiligen Tränen beinahe ausgereicht, um ihn von den Toten zurückzuholen. Der Herr eilt, um den Schmerz seiner Freunde zu lindern und ist den gebrochenen Herzen stets nahe, denen, deren Geist zerschlagen ist. Nur jene, die ihn abgelehnt haben, bleiben in Verzweiflung zurück. Sie haben sich frei entschieden, sich von ihm zu distanzieren, und aus Respekt vor ihrer Freiheit nähert er sich ihnen nicht. Oft haben unsere Tränen etwas von Selbstmitleid und Selbstliebe an sich, aber diese Tränen Magdalenas waren die reinsten Tränen: Tränen um Jesu willen, aufquellend aus einem Herzen, das ihn allein liebt. Dann sagte eine geheimnisvolle Stimme von hinten zu ihr: „Warum weinst du?" (Joh 20,15). Diese Frage sollte sie zu dem

Grund ihrer Tränen führen, wodurch ihre liebevolle Sehnsucht nach Jesus noch brennender wurde.

Eine Frage zieht häufig die Formulierung eines Wunsches nach sich. Wenn wir über unsere Wünsche sprechen, werden sie stärker, als wenn sie nur still in uns existieren. Und dies war ihr Wunsch: Sie wollte unbedingt so bald wie möglich in der Gegenwart Christi sein, sonst würde sie den Verstand verlieren oder vor Kummer sterben. Ihr einziger Gedanke war Jesus. Und dieser Jesus brachte das Feuer ihres Begehrens zu seiner höchsten Glut, um es dann in einer Weise zu erfüllen, die weitaus großartiger ist als das, was sie sich eigentlich gewünscht hatte. Für seine geliebten Freunde tut er mehr, als sie überhaupt erhoffen können. Die Weise, wie wir unser göttlich inspiriertes Verlangen verstehen, ist oft zu menschlich, als dass wir die göttliche Großzügigkeit voraussehen könnten.

Magdalena verlangte nach Jesus, aber sie dachte dabei nur an die Präsenz seines toten Leibes. Er jedoch wollte darüber hinausgehen und sie in die Präsenz seines lebendigen Leibes versetzen. Es stimmt, dass er ihr sagte, sie solle ihn nicht festhalten und sie müsse sich bald von der Realpräsenz seines heiligen Leibes entfernen –, doch später würde es ihr erlaubt sein, ihn auf eine viel außergewöhnlichere Weise festzuhalten. Es war etwas Wunderbares für sie, den lebendigen Leib Jesu vor sich stehen zu sehen, aber es würde weitaus wunderbarer sein, diesen heiligen Leib in der Eucharistie in ihr Herz aufnehmen und später einmal für alle Ewigkeit im Himmel festhalten zu dürfen. Wir haben bereits erwähnt, dass Marias Lebensgeschichte von großem, unerfülltem Verlangen geprägt war, das zu noch größerer Erfüllung führte. Diese

Aufwärtsspirale des immer größeren Glücks setzt sich fort durch das Geheimnis der Auferstehung, dann in der Gabe der Eucharistie und schließlich bis hinauf in die Ekstase der Ewigkeit. Das gilt für uns alle. Diese gegenwärtige Freude, die wir in der Begegnung mit Christus und auch in der Entdeckung seiner Realpräsenz in der Eucharistie gefunden haben, ist nur der Anfang unserer Erfüllung. Wir befinden uns immer noch im Tal des Todes und schon hier ist die göttliche Großzügigkeit erstaunlich. Wie aber erst die Freuden des Himmels sein werden, das können uns nicht einmal ansatzweise vorstellen!

„Wen suchst du?"

„Wen suchst du?" Hinter dieser Frage verbirgt sich mehr, als man auf den ersten Blick vermuten würde. Es war nicht das erste Mal, dass Jesus Fragen dieser Art an seine Jünger richtete. Er hinterfragt immer das Herz oder die Absicht der Person. Die erste Frage, die er seinen Aposteln stellte, war: „Was sucht ihr?" (Joh 1,38). Was suchte Maria wirklich, als sie Jesus suchte? Was suchte sie, als sie fast drei Jahre vorher zum ersten Mal zu ihm kam? Niemand kann das mit Sicherheit sagen, aber höchstwahrscheinlich suchte sie damals die Vergebung ihrer Sünden und die Chance, ihr Leben noch einmal neu zu beginnen. Dies war der zutiefst treibende Beweggrund für ihre Annäherung an Jesus Christus und genau das fand sie. Was suchte sie jetzt, da ihre Sünden längst vergeben waren? War aus ihrem Verlangen nach Vergebung wirklich reine Liebe zu Christus geworden? Oder suchte sie noch immer nur ihr eigenes Glück und ihren inneren Frieden, da sie nun wusste, dass diese nur in Jesus zu finden waren? Oder war es eine Mischung aus beidem? Das sind sehr wichtige Fragen, die wir alle uns selbst stellen sollten. Je mehr wir die Wahrheit über unser eigenes Herz und über unsere Beziehung zu Jesus erkennen, umso mehr können wir mitwirken mit seiner Gnade. Wenn wir in der Vergangenheit eine Bekehrung erlebt haben, sind wir vielleicht zuerst zu Jesus umgekehrt, um einfach nur Vergebung zu erbitten oder vielleicht Heilung oder Hilfe in unseren Problemen oder inneren Frieden oder ewiges Leben; aber ist dieser anfängliche Wunsch inzwischen zu reiner Liebe zu Christus geworden und zu dem Wunsch, ihm zu dienen, einfach, weil er es verdient, dass man ihm dient? Lieben wir ihn aufrichtig um seiner selbst willen oder wollen wir noch immer nur etwas von ihm haben? Diese Frage „Wen suchst du?" ist zweifellos in den Jahren nach Christi Himmelfahrt wieder in das Herz Magdalenas zurückgekehrt, denn sie wird über ihre Erfahrung mit dem Erlöser nachgedacht und immer wieder neue und tiefere Bedeutungsschichten in den Worten entdeckt haben, die er einst an sie gerichtet hatte. Der Weg zur Heiligkeit besteht zu einem großen Teil in der Reinigung unserer Herzensabsichten. Was willst du von Jesus? Diese Frage ist es wert, dass wir alle über sie nachdenken. Magdalenas anfängliche Dankbarkeit für die Barmherzigkeit, die Christus ihr geschenkt hatte, ist ohne Zweifel zu einer tiefen Liebe gereift. Ist dies auch unsere eigene Erfahrung?

„Maria“

Der Gute Hirte kennt seine Schafe mit Namen und wie süß war es für Maria Magdalena, als sie am Ostersonntag von Christus beim Namen gerufen wurde. „Maria!“ – Ist jemals in der gesamten Menschheitsgeschichte so viel Freude durch ein einziges Wort vermittelt worden? Es war die volle Auferstehungsfreude in einem Augenblick; Hoffnung für eine Welt, die sich zur Hoffnungslosigkeit verurteilt glaubte; unbeschreiblicher übernatürlicher Friede für Magdalenas Seele und Freude. Das Leben war wieder wert, gelebt zu werden. Dieses eine Wort brachte der Welt die Schönheit zurück. Es war, als ob die Vögel aufgehört hätten zu singen und die Sonne dunkler geworden wäre in der Stunde, in der er am Kreuz seine Augen geschlossen hatte, doch jetzt erstrahlte die Welt wieder in neuem Glanz. Als er ihren Namen aussprach, war es vor allem die Liebe in seiner Stimme, die sie bis ins Innerste ihres Wesens durchdrang. In diesem einen Wort war alles gesagt: „Maria, ich liebe dich. Ich werde dich nie vergessen und es war mein persönlicher Wunsch, zu kommen und dir meinen Frieden zu bringen. Alles wird jetzt gut werden. Du kannst dich jetzt freuen und nichts wird jemals wieder diese Freude von dir nehmen. Ich bin zu dir gekommen, damit meine Freude in dir sei und deine Freude vollkommen werde (vgl. Joh 15,11). Das Böse in der Welt ist besiegt! Der Tod ist jetzt nur noch ein Übergang! Er hat keine reale Macht mehr über dich. Danke, dass du in all meinen Prüfungen bei mir geblieben bist. Deine Zukunft ist voller Hoffnung. Ich habe eine Glückseligkeit für dich vorbereitet, die du dir noch nicht einmal ansatzweise vorstellen kannst ...“ Was für eine himmlische Freude ist das, wenn der auferstandene Herr uns beim Namen ruft! Er kennt jeden von uns persönlich. Er kennt jedes kleine Detail unseres Lebens. Er kennt unsere Vergangenheit, unsere Ängste, unsere Wunden, unsere Freuden, unsere Wünsche, unsere Liebe. Er sorgt sich um uns und möchte nichts anderes, als uns zu heilen und glücklich zu machen. Wenn wir uns ihm nur ganz übergeben würden, wie Maria Magdalena, dann würde seine Freude in uns sein und unsere Freude wäre vollendet.

Sich umwenden zum Herrn

Beim leeren Grab musste Maria sich zweimal umwenden, um den auferstandenen Herrn zu sehen. Sie wandte sich ein erstes Mal um, aber aus irgendeinem Grund erkannte sie ihn nicht. War es, dass sie von der aufgehenden Sonne hinter ihm geblendet war? Oder wurde sie einfach daran gehindert, ihn zu erkennen wie die Emmausjünger, deren Augen „gehalten" waren? Es ist ein Geheimnis. Jedenfalls müssen auch wir eine doppelte innere „Wendung" hin zum auferstandenen Herrn vollziehen, um ihn heute zu erkennen, der in der Eucharistie wirklich gegenwärtig ist. Einmal haben wir uns bereits dem Herrn Jesus „zugewandt": Wir gehen häufig zur Messe und kommen oft in seine eucharistische Realpräsenz, aber haben wir auch diese zweite innere Wendung vollzogen, die es uns ermöglicht, ihn wirklich hinter dem eucharistischen Schleier gegenwärtig zu sehen? Wir müssen uns ihm zuwenden – nicht mit den Sinnen, nicht nur mit unseren physischen Augen, sondern mit den Augen des Herzens. Wir müssen zum Heiligen Geist beten, dass er die Fähigkeiten unserer Seele salben möge, damit unser Intellekt mit einem geistlichen Glaubensblick, der die eucharistischen Gestalten durchdringt, das

Antlitz des auferstandenen Herrn erblickt. Wir alle brauchen diesen heiligen Schock der Realpräsenz, den Moment, in dem wir wirklich erkennen, dass Christus im Allerheiligsten Sakrament gegenwärtig ist. Das ist ein Moment, der unser ganzes Leben verändert und unsere Seelen für eine neue Ausgießung der Gnade und der Osterfreude öffnet. Der heilige Johannes Paul II. nannte es das „Eucharistische Staunen".[46] Wir sollten nicht nur sagen: „Jesus erstand vor zweitausend Jahren von den Toten", als wäre es ein Ereignis, das auf die Vergangenheit beschränkt ist, sondern vielmehr: „Jesus ist auferstanden, er lebt!"

Der auferstandene Sieger ist lebendig und heute gegenwärtig im Allerheiligsten Sakrament und er wartet auf dich! Dank des eucharistischen Mysteriums ist die Auferstehung jetzt! Jeden Tag werden die sakramentalen Gestalten auf unseren Altären von der toten Materie zur lebendigen Gegenwart dessen erhoben, der zur Rechten des Vaters sitzt. Verstehst du, wie gut diese Botschaft ist? Wenn du diese Wahrheit in dein Herz lassen würdest, dann würdest du dieses Buch sofort fallen lassen und wie Maria Magdalena in die nächste Anbetungskapelle laufen! Dann wäre mein Auftrag wirklich erfüllt und eine neue Phase deines Lebens würde beginnen.

In meinem Leben gibt es ein Vorher und ein Nachher in Bezug auf den Augenblick, als ich zum ersten Mal die erstaunliche Erfahrung machte, dass Jesus in der Eucharistie wirklich und wahrhaftig real präsent ist. Es war eine Gnade, die ich erhielt, nachdem ich aufrichtig zur Allerseligsten Jungfrau Maria gebetet hatte. Sie ist es, durch die Gott diese schönste aller Gna-

---

[46] Papst Johannes Paul II., *Ecclesia de Eucharistia*, Nr. 6.

den gewährt. Ich denke, wenn eine Seele für würdig befunden wird, beim Tod direkt in den Himmel zu kommen, wird sie zurückblicken und erkennen, dass das himmlische Leben für sie in Wirklichkeit bereits in dem Moment begonnen hat, als sie das Allerheiligste Sakrament entdeckte. Die Hoffnung, die diese Begegnung mit dem eucharistischen Herrn hervorbringt, ist stark genug, um uns von all unseren Ängsten in diesem Tal der Tränen zu heilen. Es hat sogar schon Therapeuten gegeben, die ängstlichen Patienten eine heilige Stunde eucharistischer Anbetung als Therapie verschrieben und erstaunliche Ergebnisse beobachtet haben. Egal, wie groß unsere Probleme zu sein scheinen: Der Eine, der die Macht hat, sie alle zu lösen, ist jetzt gerade gegenwärtig in der Eucharistie! All jene, die dieses „verborgene Manna" für sich entdecken, werden niemals von der Finsternis des Bösen besiegt werden. Sie sehen das Licht der Welt! Papst Benedikt beschrieb einmal, inspiriert von der heiligen Edith Stein, die Haltung, die man gegenüber der Gegenwart des auferstandenen Herrn im Allerheiligsten Sakrament einnehmen sollte:

> Der verborgene Schatz, das Gut über allen Gütern, ist das Reich Gottes – ist er selbst, das Reich in Person. In der heiligen Hostie ist er da, der wahre Schatz, für uns immer zugänglich. Im Anbeten dieser seiner Gegenwart lernen wir erst, ihn recht zu empfangen – lernen wir das Kommunizieren, lernen wir die Feier der Eucharistie von innen her. Ich darf dazu ein schönes Wort von Edith Stein, der heiligen Mitpatronin Europas, zitieren, die in einem Brief geschrieben hat: „Der Herr ist im Tabernakel gegenwärtig mit Gottheit und Menschheit. Er ist da, nicht Seinetwegen, sondern unseretwegen: weil es Seine Freude ist, bei den

> Menschen zu sein. Und weil Er weiß, dass wir, wie wir nun einmal sind, Seine persönliche Nähe brauchen. Die Konsequenz ist für jeden natürlich Denkenden und Fühlenden, dass er sich hingezogen fühlt und dort ist, sooft und solange er darf" (Gesammelte Werke VII, 136f.). Lieben wir es, beim Herrn zu sein. Da können wir alles mit ihm bereden: unsere Fragen, unsere Sorgen, unsere Ängste, unsere Freuden, unsere Dankbarkeit, unsere Enttäuschungen, unsere Bitten und Hoffnungen.[47]

Was könnte normaler sein für jemanden, der wirklich an die eucharistische Gegenwart Christi glaubt, als hinzugehen und so viel Zeit wie möglich mit ihm zu verbringen? Wir sollten versuchen, uns an seine Gegenwart liebevoll anzuschmiegen – wie Magdalena, sobald sie wusste, dass wirklich ER es war. Tatsächlich ergibt sich aus dem, was die heilige Edith Stein und Papst Benedikt sagen, die Schlussfolgerung, dass es ein wenig abnormal oder unnatürlich wäre, kein Interesse daran zu haben, Jesus zu sehen, der im Allerheiligsten Sakrament wirklich gegenwärtig ist. Dies würde ein Problem des Glaubens oder zumindest des Verstehens und Fühlens deutlich machen. Wenn wir uns nicht für die wirkliche Gegenwart Christi im Allerheiligsten Sakrament begeistern, dann ist die volle Bedeutung dieser Wahrheit vielleicht noch nicht ganz in unseren Verstand und in unsere Herzen eingedrungen. Heute verbringen die Menschen buchstäblich jeden Tag Stunden damit, ihre Zeit vor einem Fernseher oder Computerbildschirm zu verschwenden. Wie anders sähe es in Kirche und Welt aus,

---

[47] Papst Benedikt XVI., Marianische Vesper mit den Seminaristen Bayerns, Altötting, 11. September 2006. © Copyright 2006 – Libreria Editrice Vaticana.

wenn wir diese Zeit der Anbetung des lebendigen eucharistischen Königs widmen würden!

Geh!

„Geh aber zu meinen Brüdern und sag ihnen: Ich gehe hinauf zu meinem Vater und zu eurem Vater, zu meinem Gott und zu eurem Gott“ (Joh 20,17). In seinem berühmtesten Buch mit dem Titel *Leben Christi* hält sich der Ehrwürdige Erzbischof Fulton Sheen an die traditionelle Darstellung der heiligen Maria Magdalena als der reuigen Schwester von Martha. Es ist ein Wunder göttlicher Wahl, dass diese einst sündige Frau nichtsdestotrotz den Auftrag erhielt, die erste Missionarin des auferstandenen Herrn zu sein. Sheen bezeichnet sie als die Eine, die auserwählt wurde, der Welt die süße Nachricht von der Auferstehung Jesu Christi „aufzubrechen“, so wie sie den Alabasterkrug aufgebrochen hatte, der die Ankunft seines Todes ankündigte. Der große Erzbischof, selbst ein wahrer Apostel des auferstandenen Herrn, spricht wunderbar über die „Apostolin der Apostel“, wie sie am Ostersonntag beim leeren Grab ankommt:

> Der Gedanke an die Auferstehung schien ihr nicht in den Sinn zu kommen, obwohl sie selbst aus einem von den sieben Teufeln der Sünde versiegelten Grab auferstanden war. Da sie das Grab leer fand, brach sie wieder in einen Tränenstrom aus. (…) Arme Magdalena! Erschöpft vom Karfreitag, ermattet durch den Karsamstag, ihr Leben geschwächt zu einem Schatten und ihre Kraft zu einem Faden, wollte sie „Ihn holen“! Dreimal sprach sie von „Ihm“, ohne Seinen Namen zu bestimmen. Die Kraft der Liebe war derart,

dass ihrer Meinung nach gar niemand anders gemeint sein konnte. Jesus sagte zu ihr: „Maria!" Diese Stimme war aufschreckender als ein Donnerschlag. Sie hatte Jesus einmal sagen hören, Er rufe Seine Schafe beim Namen. Und nun wandte sie sich dem Einen zu, der alle Sünde, allen Kummer und alle Tränen in der Welt im Einzelnen beachtet und jede Seele mit einer persönlichen, besonderen und unterscheidenden Liebe kennzeichnet. Sie drehte sich um, sah die roten Wundmale an Seinen Händen und Füßen und sprach nur ein Wort: „Rabbuni!" (hebräisch „Meister"). Christus hatte „Maria" gesagt und der ganze Himmel war darin. Sie sagte nur ein Wort und die ganze Erde war darin. Nach der seelischen Mitternacht war da auf einmal diese blendende Helle, nach Stunden der Hoffnungslosigkeit diese Hoffnung, nach der Suche diese Entdeckung, nach dem Verlust dieser Fund. Magdalena war nur darauf vorbereitet gewesen, ehrfürchtige Tränen über dem Grab zu vergießen; worauf sie nicht vorbereitet war: Ihn zu sehen, wie er auf den „Flügeln des Morgenrots" wandelte. Zur Ehre der Weiblichkeit muss es für immer festgehalten werden: Eine Frau war am Karfreitag dem Kreuz am nächsten und am Ostermorgen als Erste am Grab. Maria war immer zu Seinen Füßen. Dort war sie, als sie Ihn für das Begräbnis salbte; dort war sie, als sie beim Kreuz stand; jetzt, in der Freude, den Meister zu sehen, warf sie sich zu Seinen Füßen nieder, um sie zu umfassen (…). Sie sollte das kostbare Alabastergefäß Seiner Auferstehung zerbrechen, damit der Duft die Welt erfülle.[48]

---

[48] Fulton J. Sheen, *Life of Christ* (New York: Doubleday, 1977), S. 591–594.

Eine engelhafte Berufung

Der heilige Thomas von Aquin kommt – indem er Maria Magdalenas Leben und jenen apostolischen Auftrag kommentiert, den der auferstandene Jesus ihr übertragen hat – zu dem Schluss, dass sie trotz ihrer Vergangenheit nun zu einer Art „engelgleicher" Würde erhoben worden sei. Nicht nur ihre Liebe und Anbetung sei der Liebe und Anbetung der Engel vergleichbar, sondern auch ihre Sendung sei engelhafter Natur. Im Griechischen bedeutet das Wort „Engel" einen Boten, der von Gott selbst zu irgendeiner wichtigen Mission ausgesandt wird. Magdalenas Botschaft ist die bedeutendste, die die Menschheit je gehört hat. Dank der Auferstehung des Herrn hat die Welt nun eine Hoffnung, die durch nichts zerstört werden kann. Jetzt hat das Leiden einen Sinn und der Tod hat seine beängstigende Macht verloren. Sie ist die erste Person in der Menschheitsgeschichte, die dazu ausgewählt wurde, diese erhabene Botschaft der Auferstehung Jesu Christi zu verkünden, und ist außerdem Prophetin seiner Himmelfahrt (vgl. Joh 20,17). Die ganze Zeit hindurch hatte sie durch ihre Gesten prophezeit; nun wird sie beauftragt, auch mit Worten zu prophezeien.

Johannes der Täufer war der auserwählte Prophet, der die Ankunft des Gotteslammes, das die Sünden der Welt hinweg nimmt, verkünden sollte. Maria Magdalena war auserwählt, durch ihre prophetischen Handlungen dasselbe Gotteslamm zu offenbaren. Als sie, die reumütige Sünderin, sich ihm zum ersten Mal zu Füßen warf und die frohe Botschaft von der göttlichen Gnade empfing, zeigte sie Israel denjenigen, der ihre Sünden und die Sünden der Welt auf sich nahm. Als sie sich ihm während des Gastmahls von Bethanien erneut zu

Füßen warf, prophezeite sie die baldige Ankunft jenes Augenblicks, an dem diese Sünden ans Kreuz genagelt und für immer im Grab verschwinden würden. Während des öffentlichen Lebens Christi war sie eine geheimnisvolle Prophetin der Barmherzigkeit, erwählt für die süßeste aller Aufgaben: Christus auf radikale Weise zu lieben und das Werkzeug zu sein, durch das die barmherzige Liebe des Herzens Christi der Welt enthüllt werden sollte. Doch nun, da die Sünden der Welt endlich reingewaschen sind und der Sieger aus seinem Kampf gegen die Mächte der Hölle triumphierend hervorgeht, muss ihre prophetische Botschaft eine Stimme bekommen. Sie ist die erste wahre Botin des Evangeliums, denn die Frohe Botschaft war erst im Augenblick der Auferstehung vollständig. So wie der Täufer Israel auf die Begegnung mit dem Messias vorbereitet hatte, wird nun Magdalena dazu erwählt, die Herzen der Apostel auf die Begegnung mit dem auferstandenen Herrn vorzubereiten.

Im ganzen Evangelium, in fast jedem Text, in dem sie erscheint, wird Magdalena von anderen kritisiert, von Christus jedoch verteidigt und gelobt. Als sie nun den Aposteln die Freude der Auferstehung verkündet, zweifeln viele an der Wahrheit ihrer Botschaft; und als Jesus schließlich erscheint, rügt er sie dafür, dass sie den Worten Magdalenas keinen Glauben geschenkt haben (vgl. Mk 16,14). Auch nach der Auferstehung verteidigt Jesus immer noch diese geliebte Trösterin seines Herzens. Christus ist immer auf der Seite derer, die ihn aufrichtig lieben. Allein die Liebe ist es, die die erlesensten Segnungen des Herrn verdient. Die Anbeter und Anbeterinnen werden von Jesus oft mit den erhabensten Aufträgen betraut, aber er verleiht ihnen diese Würde nur, weil er weiß, dass sie sich, wie

Magdalena, viel lieber an seine Füße klammern, als irgendetwas anderes zu tun. „Jetzt ist nicht die Zeit, mich festzuhalten, sondern geh" (vgl. Joh 20,17). Wenn sie in die Welt hinausgehen, um zu evangelisieren, suchen die treuen Anbeterinnen und Anbeter die Ehre Christi und nicht ihre eigene. Sie möchten nichts anderes, als auf sein eucharistisches Antlitz blicken und sein Leben betrachten; aber manchmal wissen sie, dass sie von ihm gesandt sind, um irgendeine apostolische Aufgabe zu erfüllen. Sobald dies geschehen ist, werden sie zurückkehren, um wieder zu seinen Füßen und unter den Lichtstrahlen der Monstranz zu sein.

Der heilige Thomas beschreibt die engelgleiche Würde der „Apostolin der Apostel" so:

> Achte auf die drei Privilegien, die Maria Magdalena gewährt werden: Erstens hatte sie das Privileg, eine Prophetin zu sein, weil sie würdig genug war, die Engel zu sehen, denn eine Prophetin ist eine Mittlerin zwischen den Engeln und dem Volk. Zweitens hatte sie die Würde oder den Rang eines Engels, insofern sie auf Christus schaute, auf den die Engel zu schauen wünschen. Drittens hatte sie das Amt eines Apostels; in der Tat war sie insofern eine Apostolin der Apostel, als es ihre Aufgabe war, den Jüngern die Auferstehung unseres Herrn zu verkünden. So wie es also eine Frau war, die als Erste die Worte des Todes verkündete, so war es auch eine Frau, die als Erste die Worte des Lebens verkündete.[49]

---

[49] Thomas von Aquin, *Kommentar zum Johannes-Evangelium*, Nr. 2519.

Ausklang

Eine Studie über das Leben der heiligen Maria Magdalena ist eine Quelle tiefer Ermutigung. Wir können uns nur wundern, eine so arme, gebrochene Sünderin zu sehen, die auf einmal in einer Explosion der Liebe zu Christus aus der Dunkelheit emporsteigt, um dann mit größter Zuversicht auf dem Weg der Vollkommenheit voranzueilen. Sie erhebt sich aus den verzweifelten Trümmern ihres Lebens und wird zur Heldin der Liebe im Himmel. Sie war dem Herzen Christi so wohlgefällig, dass sie auserwählt wurde, seine Auferstehung den Aposteln zu verkünden. Er selbst würde zu seiner Zeit in all seiner Auferstehungsherrlichkeit zu ihnen kommen, aber er wollte, dass der Weg zuerst von einem Engel der Liebe vorbereitet wird. Wenn Jesus sie für dieses einzigartige Privileg erwählt hat, dann, um uns allen Hoffnung zu geben. Denn die erste Apostolin der Auferstehung ist keine von Kindesbeinen an reine und vollkommene Seele, sondern vielmehr eine arme, gebrochene Sünderin, aus der sieben Dämonen ausgetrieben werden mussten. Niemand von uns kann daher behaupten, dass nicht auch wir potenzielle Kandidaten für eine Heiligsprechung wären, ungeachtet dessen, was wir vielleicht in der Vergangenheit getan haben. Magdalena ist die Hoffnung für alle Sünder, denn durch ihr Beispiel lernen wir, dass wir – wären unsere Sünden auch rot wie Scharlach – in Christus weißer als Schnee werden können. Wenn wir dem Weg der Liebe folgen, den die Apostolin der Apostel vorgezeichnet hat, dann werden wir im Augenblick des Todes in Frieden zu dem gehen können, der der Freund der Sünder ist.

„Noli me tangere ...“

Als im Mittelalter die sterblichen Überreste der heiligen Maria Magdalena in Saint Maximin exhumiert wurden, wartete auf diejenigen, die von König Charles von Anjou mit dieser Aufgabe betraut worden waren, eine verblüffende Entdeckung. Nach der Ausgrabung der Gebeine, bei der Untersuchung des Schädels jener Person, die einst auf Golgotha und an dem leeren Grab präsent gewesen war, bemerkten die zitternden Zeugen etwas sehr Geheimnisvolles: Auf der Stirn der Heiligen befand sich ein Stück ihres heiligen Fleisches, das noch nicht gänzlich verwest war. Es war auch nicht völlig unversehrt, aber obgleich Jahrhunderte verstrichen waren, war doch noch eine Spur ihres Fleisches erhalten geblieben. Die Überlieferung besagt, der auferstandene Herr habe, als er am Ostermorgen zu Magdalena sagte, sie solle ihn nicht festhalten – „Noli me tangere“, wie es in der lateinischen Übersetzung heißt –, ihre Stirn dabei sanft mit seinem verklärten Finger berührt. Dieses Fleisch, das mit der unverweslichen Hand des Erlösers in Berührung gekommen war, konnte nicht auf dieselbe Weise verwesen wie der Rest ihres sterblichen Körpers. Diese geheimnisvolle Reliquie der Heiligen wird noch immer in der Basilika von Saint Maximin, in dem sogenannten „Noli-me-tangere“-Reliquiar, aufbewahrt.

Als die römischen Verfolgungen endlich ein Ende fanden, wurde an der Stelle ihres Grabes eine Kirche errichtet und ein Alabastersarkophag – er ist aus dem vierten Jahrhundert und bis heute erhalten – wurde aus Rom importiert, um die kostbaren Reliquien darin aufzubewahren. Später wurde diese Kirche von einfallenden Sarazenen vollständig zerstört und die Reliquien der Heiligen verschwanden unter den Trümmern. Doch im dreizehnten Jahrhundert ordnete der König des Landes Ausgrabungen an, um diesen geistlichen Schatz zu bergen. Der obere Teil ihres Schädels und einige ihrer Knochen wurden schließlich – in einem anderen Sarkophag versteckt – gefunden, zusammen mit der Inschrift: „Hier liegt der Leichnam der Seligen Maria Magdalena" und einer Erklärung, wie die Reliquien versteckt worden waren, um sie vor den Eindringlingen zu schützen. Der König brachte die Entdeckung dem Heiligen Vater in Rom, wohl wissend, dass der Kieferknochen der Heiligen seit den frühen Jahrhunderten dem Papst anvertraut worden war und in der Kirche Sankt Johannes im Lateran eifersüchtig gehütet wurde. Der Heilige Vater, Papst Bonifaz VIII., setzte den Kieferknochen und den Schädel zusammen und stellte fest, dass beide perfekt zueinander passten. Er zweifelte nicht daran, dass es sich hier um die Gebeine der Apostolin der Apostel handelte, und so veröffentlichte er 1295 eine päpstliche Bulle, in der er die Wiederentdeckung der authentischen Reliquien der heiligen Maria Magdalena verkündete und allen, die nach St. Maximin pilgern würden, Ablässe gewährte.[50] König Charles von Anjou war über diese Wiederentdeckung so hocherfreut, dass er mit dem Bau einer großartigen Basilika begann, deren Pracht nur in Rom oder Paris ihresgleichen finden konnte – dort in der kleinen Stadt Saint-Maximin. Auch heute noch beherrscht die riesige Basilika die ganze umgebende Landschaft. Sie wurde zu einem Ort außergewöhnlicher und dokumentierter Wunder und ist bis heute das beliebteste Heiligtum der Provence. Die Dominikaner wurden vom Papst mit der Pflege der Basilika

[50] Étienne-Michel Faillon, *Monuments inédits sur l'apostolat de Marie Madeleine* (Paris: Ateliers Catholiques du Petit-Montrouge, 1848), S. 819.

betraut und beherbergten dort fast siebenhundert Jahre lang ihr französisches Noviziat. Heute befindet sich die Basilika in der Obhut der Missionare der Allerheiligsten Eucharistie.

Die nahe gelegene Grotte, in der die Heilige ihre letzten Jahre in Gebet und Betrachtung verbrachte, ist ebenfalls ein wichtiger Wallfahrts- und Gebetsort. Der heilige Johannes Cassian (360–435 n. Chr.), ein Kirchenvater des Ostens und Gründer mehrerer monastischer Gemeinschaften, hörte bei seiner Ankunft in Gallien von dem kontemplativen Ausklang des wunderbaren Lebens Maria Magdalenas. Obwohl das Christentum in den ersten drei Jahrhunderten illegal war und verfolgt wurde, war der Ort, an dem Magdalena ihren letzten Wohnsitz hatte, doch stets durch ein kleines Oratorium in Erinnerung bewahrt und von den einheimischen Christen häufig besucht worden. Nun, da das Christentum aus den Katakomben aufgetaucht war, pilgerte Cassian in die Provence und wurde von den dortigen Christen zur heiligen Grotte geführt. Der Heilige war von der übernatürlichen Schönheit des Ortes so überwältigt, dass er dort in der Grotte eine Mönchsgemeinschaft gründete. Dieser Mann Gottes, der den heiligen Benedikt zutiefst beeinflussen sollte, brachte das Beste des ägyptischen Mönchtums in den Westen und La Sainte-Baume wurde bald zu einer der wichtigsten religiösen Stätten Frankreichs. Die Mönche Cassians blieben dort, bis sie im achten Jahrhundert von den Sarazenen niedergemetzelt wurden. Bald nahmen Benediktiner ihren Platz ein und schließlich Dominikaner, die bis heute bei der Grotte der heiligen Maria Magdalena präsent sind.

Eucharistisches Martyrium der Liebe

Eine anrührende Geschichte erzählt, wie der heilige Patrick, der Apostel Irlands, einst zwei junge adelige Frauen auf den Empfang ihrer ersten heiligen Kommunion vorbereitete. Er sprach zu ihnen mit solcher Glut über die wirkliche Gegenwart Christi in der Eucharistie, dass diese beiden jungen Frauen, als der feierliche Augenblick ihrer ersten heiligen Kommunion kam, so von Liebe entflammt waren, dass ihre Seelen in einer Ekstase ihre Körper verließen und sofort in den Himmel eingingen. Diese beiden eucharistischen Märtyrerinnen der Liebe sind bekannt als die heiligen Eithne und Fidelma. Die heilige Maria Magdalena starb nicht in dem Augenblick ihrer ersten heiligen Kommunion, aber die Überlieferung erzählt uns, dass die heilige Kommunion für sie immer eine tiefe mystische Erfahrung war. Während ihrer Danksagung nach der heiligen Kommunion wurde dieser irdische Engel der Liebe von der Erde emporgehoben, um die Freuden des Brotes der Engel im Himmel zu kosten. So war es nur passend, dass ihr zerbrechlicher Körper während einer solchen Ekstase schließlich ihren feurigen Geist aufgab. Die Salbungsszenen, in denen ihr liebevolles Verhalten von Christus selbst als vorbildlich gelobt wurde, spielten sich beide im Rahmen eines Mahles ab. War sie nicht vielleicht schon immer dazu ausersehen, uns etwas über die Haltung zu lehren, die wir zum eucharistischen Mahl mitbringen sollten? Die Dankbarkeit, Reue, Anbetung und Liebe, die wir in diesen Szenen sehen, waren wahrscheinlich nur ein blasser Vorgeschmack jener Haltung, die sie später beim Empfang der heiligen Kommunion einnehmen würde. Es war ganz natürlich, dass das himmlische Leben für sie, durch das Geheimnis der Eucharistie, schon auf Erden begann. Es gibt eine direkte Fortführung zwischen dem, was in der heiligen Kommunion geschieht, und dem, was in der Ewigkeit einmal unsere Freude sein wird. Es kann unmöglich ein schöneres Sterben geben als in dem Augenblick, wenn der König der Liebe leibhaftig in uns zugegen ist. Wir kennen nicht die genauen Einzelheiten des Hinscheidens von Maria Magdalena aus diesem Leben, aber das Gedächtnis der Provence hat den wesentlichen Teil der Geschichte nie vergessen. Es war das Brot der Engel, das ihre Seele hinriss – aus dem Frieden in La Sainte-Baume, hinein in den Frieden des Verheißenen Landes.

Magdalena verdiente einen so heiligen Tod, weil sie eine wahre Märtyrerin der Liebe war. Da war zum einen der Schmerz, den die Reue über ihre Sünden hervorgerufen hatte, und zum anderen der Schmerz, den sie empfand, als sie Ströme von Blut aus den Wunden ihres geliebten Herrn fließen sah – und sie erkannte, dass es eine geheimnisvolle Verbindung zwischen ihren Sünden und seinem Blut gab. Diese Schmerzen wurden für ihre Seele zu einem Schwert, ähnlich dem, das bereits die Seele der Mutter durchbohrte, deren Hand sie auf Kalvaria hielt. Als an Pfingsten die Ausgießung des Heiligen Geistes über sie kam, erhielt sie die Gnade, noch tiefer über die Passion Christi betend zu betrachten und auch die damit verbundene Rolle der seligen Jungfrau Maria, die sie durch alles hindurch hatte begleiten dürfen. Wie sehr wuchs in ihrem Herzen die Liebe und Bewunderung für diese Frau, die mit dem Licht Christi umkleidet war. Jetzt, da Magdalena nicht mehr mit ihren physischen Augen das Antlitz Jesu sehen konnte, konnte sie immer noch dessen Widerschein im Antlitz Mariens sehen, und dies nicht nur wegen der Ähnlichkeit der Gesichtszüge. Ihre Erscheinung war immer zurückhaltend, aber seit Pfingsten schien die Seele der Jungfrau von einem noch himmlischeren Licht verklärt zu sein. Doch selbst während dieser freudigen Anfänge der Kirche bemerkte Magdalena, dass der Geist der Jungfrau oft zum Kalvarienberg zurückzuwandern schien, und immer noch strömten dann reichlich Tränen aus ihren Augen.

Magdalena tat alles, was sie konnte, um die Freude der Auferstehung in ihrer Gegenwart immer wieder wachzurufen, aber die Wunde des Kreuzes lag tief im Herzen der Gottesmutter und manchmal schien sie im Gebet die Erfahrung der Kreuzigung wieder erneut zu erleben. Von ihr lernte Maria Magdalena, dass die Passion, wenn sie auch zeitlich vorüber war, in der Kontemplation, im mystischen Leib Christi, weiterleben solle. Auch Maria Magdalena weinte bitterlich, wenn sie im Geiste mit der Jungfrau Maria zu den schmerzlichen Szenen des Karfreitags zurückkehrte. In der qualvollen Hast der Verfolgung und des Exils würde sie eines Tages von jenem mütterlichen Herzen, das sie so sehr liebte, getrennt werden, denn die Vorsehung hatte sie auserwählt, ihre Liebe zu Christus in den Boden der Kirche Europas einzupflanzen; aber nie würde Maria Magdalena den unbeschreiblichen Schmerz vergessen, den sie auf den Gesichtern Jesu und Mariens auf dem Kalvarienberg gesehen hatte.

Selbst freudenreiche Betrachtungen über die Auferstehung und den Augenblick, in dem der kalte, leblose Leib, bei dessen Grablegung sie geholfen hatte, in einer erderschütternden Woge göttlicher Kraft wieder zum Leben erwachte, konnten die bittere Erinnerung an den Preis, den er für ihre Sünden bezahlt hatte, nie ganz auslöschen. Sogar an seinem auferstandenen herrlichen Leib hatte sie noch die Male seiner Wunden bemerkt, so, als wolle er sie darum bitten, diese nie zu vergessen. Obwohl sie im Innersten ihres Herzens zutiefst glücklich und im Frieden war, wurde ihr Leben zu einer bittersüßen Betrachtung der Passion, des Todes und der Auferstehung Jesu. Sie sah darin die natürliche Erweiterung ihrer Berufung, Christus während seines sterblichen Lebens mit ganzer Hingabe zu lieben. Sie war unfähig, dem Herrn seine Güte zu vergelten; alles, was sie tun konnte, war, ihn weiterhin zu lieben, total, mit ihrem ganzen Sein. Während der verbleibenden Jahrzehnte ihres heiligen Lebens und inmitten der Tätigkeiten und Abenteuer, die das Leben ihr auferlegte, versuchte sie, so viel Zeit wie möglich damit zu verbringen, Jesus mit der glühenden Liebe ihres ungeteilten Herzens im Gebet nahe zu sein. Dies half ihr, die Last des irdischen Lebens in Erwartung des himmlischen zu ertragen. Schließlich führte diese Liebe zu Christus sie weg von den vielen Menschen – in die einsame Grotte von La Sainte-Baume, wo sie ihre Tage in einem Leben immerwährenden Betens und Nachsinnens über das Paschamysterium friedlich ausklingen lassen konnte. Ganz allein und in der Stille ihres neu entdeckten „Ölberges" vergoss sie viele Tränen über ihre eigenen Sünden und die der ganzen Welt – und darüber, was diese Sünden dem makellosen Leib ihres geliebten Jesus angetan hatten. Wie zur Bestätigung, dass es keine Wiedergutmachung mehr zu leisten gab und dass die leidenschaftliche Liebe ihres Herzens ein vom Himmel angenommenes Ganzopfer war, kam der eucharistische Herr am Ende persönlich, um ihre Seele direkt in die Gegenwart des Vaters zu tragen. Sie ging von einer irdischen Ekstase in die himmlische Ekstase über, wobei sie unterwegs die Reinigung durch den Tod kaum wahrnahm. Eine solche Seele bedurfte keiner weiteren Reinigung mehr, denn sie war schon seit Jahrzehnten der Welt gestorben. Für Magdalena war Christus das Leben und Sterben Gewinn (vgl. Phil 1,21).

> Was habe ich im Himmel außer dir?
> Neben dir erfreut mich nichts auf der Erde.
> Auch wenn mein Leib und mein Herz verschmachten,
> Gott ist der Fels meines Herzens und mein Anteil auf ewig
> …
> Ich aber – Gott nahe zu sein, ist mein Glück (Ps 73,25–28).

Das Leben der heiligen Maria Magdalena, einst scheinbar der größte Misserfolg für ganz Israel, war in den Augen des ganzen Himmels ein Erfolg höchsten Ranges. Im Himmel wird ihr Leben angesehen und geehrt als das eines irdischen Engels der Liebe!